城市交通走廊
Urban Transport Corridor

张　泉　黄富民　王树盛　等著

中国建筑工业出版社

图书在版编目（CIP）数据

城市交通走廊／张泉等著. —北京：中国建筑工业
出版社，2018.12

ISBN 978-7-112-22822-5

Ⅰ. ① 城… Ⅱ. ① 张… Ⅲ. ① 城市交通−交通运输
管理−研究 Ⅳ. ① U491.1

中国版本图书馆CIP数据核字（2018）第234530号

责任编辑：黄　翊　陆新之　焦　扬
责任校对：焦　乐

本书撰写人员名单：张　泉　黄富民　王树盛
　　　　　　　　　许　炎　张小辉　王　昊
　　　　　　　　　纪　魁　陆枭麟　唐小龙
　　　　　　　　　李子木　姜　军

城市交通走廊

张泉　黄富民　王树盛　等著
*
中国建筑工业出版社出版、发行（北京海淀三里河路9号）
各地新华书店、建筑书店经销
北京锋尚制版有限公司制版
北京富诚彩色印刷有限公司印刷
*
开本：850×1168毫米　1/16　印张：11½　字数：261千字
2018年12月第一版　　2018年12月第一次印刷
定价：**118.00**元
ISBN 978-7-112-22822-5
（32927）

前　言

　　城市交通拥堵是当今公认的世界性难题，对经济社会发展、生态环境保护、公共安全治理、生活品质提升等方面都产生了较大的负面影响，城市政府为此每年在改善城市交通方面投入巨大。一些城市解决了或有效缓解了交通拥堵问题，不少城市却收效甚微——主要区别不在投入，而是投入的目标、路径和策略、方法。

　　特别是当前中国的众多城市，正处于城镇化持续推进、机动化快速发展、经济社会发展转型升级方兴未艾的叠加期，城市地区一边扩大一边更新，道路设施和交通工具交互增长，城市地块的交通源强度和交通方式也在不断变化，由此伴生城市交通拥堵程度逐年攀升、城市交通效率日渐低下、交通安全和交通污染形势严峻等众多妨碍城市可持续发展的问题。面对"面广量大"的城市交通问题，如何找准、抓住主要矛盾，并集中相关的必要资源以作出最集约、高效的应对，是当前城市交通发展的一个关键。

　　世界各地的经验表明，建设城市交通走廊，是化解城市交通主要矛盾、推动城市交通可持续发展的集约、高效的方法。

　　首先，城市交通走廊存在类似社会学中的"二八定律"效应。交通走廊可以很小比重的城市空间资源承载相当比重的交通量，建设好交通走廊就可以抓住城市交通的"牛鼻子"，起到事半功倍、甚至是四两拨千斤的作用。

　　其次，城市交通走廊通过"纲举目张"的方式统筹协调城市交通网络。交通走廊提供快速、舒适的服务，可以通过交通喂给系统吸引走廊沿线区域的交通出行，从而优化城市交通结构和交通运行，提升整个城市交通系统运行效率。因此，建设城市交通走廊，既可利用有限资源保障和引导交通需求重点，缓解交通拥堵和促进土地集约化利用，又可以点带面、统筹优化整个城市交通体系。

　　而且，城市交通走廊可实现交通与用地的协同发展。城市交通的目的是服务于城市用地之间的联系，从而服务于城市的生产、生活，交通是城市发展的手段，用地的发展优化则是城市全面可持续发展的基础。交通走廊快速、大容量的特性可使走廊沿线用地获得区位优势，从而带动沿线的城市功能集聚，同时，走廊沿线用地也为交通走廊提供客、货流量。交通走廊可实现交通与用地的良性协同发展，达到手段与目的的协调统一。

　　城市交通全域覆盖、全民参与，不但投入大，而且需要复杂而精细的管理、文明而自觉的行为。对发展中国家、发展中的城市而言，更需要集中资源、集约发展，在解决城市交通问题方面，发展城市交通走廊可以起到抓住牛鼻子的作用。

　　在城市交通走廊建设方面，世界各地城市的做法丰富多彩。一些城市采用轨道交通主导模式，利用轨道交通作为城市交通体系和城市空间布局的主要支撑；一些城市采用快速公交模式，利用公交专用通道和信号优先系统形成快速交通通道，并引导城市空间呈轴线发展；也有些城市则重视自行车走廊的建设，通过建设路权专用的自行车道路网络实现自行车的安全、连续、快速出行。目标各有侧重，但都体现了因地（城市、地形）制宜、因时（发展阶段）制宜的基本规律，体现了走廊专用、网络协调、用地协同的基本特征。

当前，一般城市交通走廊（类）建设中也存在着不少共性问题，典型的如：走廊路权不专用，导致通行效率水平难以保障；接驳疏散能力不匹配，造成走廊节点不够通畅；走廊与交通网络衔接缺乏统筹，制约网络整体能力的发挥；走廊与两侧用地之间功能不协同，导致交通效率和用地效率的双损失等。这些问题都亟须认真对待、深入研究、系统解决。

目前，我国在城市交通走廊建设方面尚缺少系统的理论研究，也没有成熟、完善的规划设计方法。本书作者用近三年时间进行了城市交通走廊科研项目专题研究，尝试对城市交通走廊开展系统阐述、开始系统研究，涵盖了交通走廊的定义、内涵、分类、规划设计及规划管理等各个重要方面。在研究报告的基础上形成本书，以期求教于同行，呼吁城市政府、社会公众关注城市交通走廊的重要作用和实践应用，共同促进我国的城市交通走廊研究、发展和规划建设管理。

目　录

第一章　城市交通走廊的定义和分类

　　什么是城市交通走廊？它在城市中承担怎样的作用？虽然国内外对城市交通走廊早有研究，也已经有成功的应用，但往往是针对某一种走廊或者走廊的某一方面，鲜有针对城市各类交通走廊的系统性研究。本章首先探讨城市交通走廊的内涵和定义，在此基础上对城市交通走廊进行分类，以利于深入细化对城市交通走廊的科学认知和运用。

第一节　城市交通走廊的作用内涵与定义

一、城市交通走廊的作用内涵

1．骨干性

　　如果将城市比喻成人体，城市道路网络是人体的血管系统，城市交通走廊就是血管系统中的大动脉。城市交通走廊承担城市交通的主流量和主流向，集聚和疏解城市中的交通流，主要解决城市内中长距离、大运量的交通运输。城市交通走廊不仅在城市交通系统中发挥骨干作用，也是城市的空间主骨架、功能集聚带。

2．系统性

　　城市交通走廊要与其他交通设施、交通管理措施以及城市空间等共同协作才能充分发挥作用。每条城市交通走廊都有一定的"腹地"，所汇集的人流、车流主要来自于腹地，城市交通走廊仅靠自身难以充分发挥应有作用，必须有良好的衔接交通系统为其提供喂给服务。在成功的案例中，城市交通走廊都是由主导交通方式和衔接交通系统形成走廊内外一体化的交通系统。在交通走廊的规划和建设中，应注重交通走廊及其喂给系统的协调，注重交通走廊的交通脉络渗透性和转换便利性，发挥重要的转换衔接作用，实现交通走廊对整个城市交通的带动。另外，现代城市交通走廊还包括市政设施、景观设施等服务系统，是一个多要素复合的廊带。

3．带动性

　　城市交通走廊的强大运输能力可显著提升紧邻地区的交通可达性，吸引城市资源向城市交通走廊沿线集聚，成为城市的增长轴，带来产业集聚、就业人口集聚和土地升值，从而带动提升城市交通走廊沿线的开发。城市交通走廊与紧邻地区还具有相互促进的关系，走廊为紧邻地区提供高可达性的运输服务，紧邻地区为走廊提供客、货源。"交通与用地一体化"的规划设计和建设往往是城市交通走廊能否成功的关键。

4．指向性

　　指向性是指在区域发展和城市建设中，城市用地的区位选择受到交通走廊的引导作用。指向性体现了交通与城市空间增长的相互关系，是空间增长规律显化的动力机制。

城市交通走廊是城市的活动轴线，可依托其组织城市功能和主要活动，形成沿城市交通走廊的功能集聚指向、空间集聚指向、人口就业集聚指向等多种指向性，这些指向性可依托城市交通走廊同时并指，也可单指先行引导。

需要指出的是，上述特性相对于慢行走廊而言并不明显。慢行交通受速度限制，难以起到交通骨干性的作用，也不需要其他交通系统的喂给服务，对城市土地利用的带动性和指向性也有限。对于慢行走廊而言，其腹地空间往往是走廊紧邻的两侧空间，如果这一空间内聚集了足够的人口和就业岗位就会形成大量的慢行交通流，包括通过性慢行交通和为公共交通等其他交通系统提供喂给服务的慢行交通。因此，慢行交通走廊的长度、形态及形成条件等均与其他走廊有很大差别，这是慢行交通走廊的特殊之处。

二、城市交通走廊的定义

从城市交通走廊具备的骨干性、系统性、带动性、指向性来看，城市交通走廊不是孤立的一种交通设施，而是涉及城市交通、城市空间、城市功能、城市景观等诸多方面的一个综合概念，虽然"交通功能"是城市交通走廊不可或缺的主导功能，但要发挥城市交通走廊应有的作用，就必定超出"交通"的独立、狭义的范畴。本书综合考虑交通走廊的内涵要求，提出以下定义：

城市交通走廊，是以某一大运量交通廊道为主体，包括协同影响腹地空间和必要交通喂给衔接系统，三者共同构成的带状复合系统。其中，"大运量交通廊道"指优先服务于特定交通方式的高能力、高效率、高标准运输通道，体现交通走廊的"交通"主体功能；"影响腹地空间"强调交通走廊的"引导带动"功能，指大运量交通廊道紧密吸引的，由城市产业、人口、景观生态等要素集聚而成的地带；"必要的交通喂给衔接系统"体现交通走廊的"系统性"，包括与交通走廊直接衔接的各类交通设施，以最大化发挥交通走廊的效率优势。

通过以上定义，可以看出，城市交通走廊在以下几个方面区别于一般的交通干道：

一是在功能方面，交通走廊具有带动性，交通走廊快速、大容量的特性可保持走廊沿线交通区位的相对优势，从而带动沿线城市功能的集聚；同时，走廊沿线也成为走廊服务的腹地。"交通引导、带动用地发展，走廊腹地空间反哺客、货流量"的交通与用地一体化特征是交通走廊区别于一般交通干道的最重要方面。

二是在目标方面，交通走廊具有吸引性，交通走廊提供的快速、舒适的服务可以通过喂给系统吸引非走廊沿线区域的交通出行，以优化城市交通结构和交通运行。交通走廊比交通干道承担更多的职能与责任，交通走廊更加注重走廊本身与喂给服务系统的统筹衔接，提升整个城市交通系统运行效率。

三是在形式方面，交通走廊具有专用性，主要服务于某种交通方式或交通工具。保持路权的部分专用或完全专用，可保障交通走廊主导交通方式运行效率，从而保障走廊各项功能的发挥。

四是在构建方面，交通走廊具有综合性，交通走廊的构建需要综合考虑城市交通与城市功能结构、城市空间布局、景观生态、历史文化保护等各方面的关系，以及各类交通走廊之间的关系等，以提升走廊的服务能力，最大化发挥交通走廊的综合效益。

概括而言，城市交通走廊主要包括大运量交通廊道、廊道协同影响腹地空间、交通喂给衔接系统三大要素。为了后文表达清晰，本书中"走廊"一词为以上定义所表达的内容，"廊道"专指交通走廊定义中的"大运量交通廊道"这一要素，在内容从属上是前者包含后者的关系。

第二节　城市交通走廊的分类

一、功能分类

承担城市的客货运输是城市交通走廊最重要的功能，城市客运与城市货运在出行特征、规划建设要求等方面都具有比较明显的差异，所以从功能角度可以将城市交通走廊主要分为客运走廊和货运走廊；同时，在一定情况下存在客运走廊和货运走廊利用共同通道的情况，即客运走廊和货运走廊共同构成复合走廊。因此，从功能类别角度，城市交通走廊可分为客运走廊、货运走廊和客货复合交通走廊。

二、方式分类

为了合理发挥城市交通走廊的功能，需要采用不同的交通工具或交通方式，总体上可分为机动化交通方式和非机动化交通方式，在此基础上可进一步细分为公共交通、小汽车、慢行交通（步行、自行车）等不同交通方式。因此，从交通方式角度可分为公共交通走廊、个体机动化走廊、慢行交通走廊以及复合交通方式走廊。

三、等级分类

运速和运能是交通运输的两个重要指标，不同交通方式有不同的运速和运能特征，从运速角度可分为快速交通走廊、中速交通走廊和普速交通走廊；从运能角度可分为大运量交通走廊、中运量交通走廊和一般运量交通走廊。

四、综合分类

以上从功能、方式、等级三个角度对城市交通走廊的分类进行了梳理，一条城市交通走廊同时具有功能、方式、等级三个分类特征。综合考虑以上三个分类特征，按照"引导发展、客货分离、快慢分离、精细管理"的现代交通组织原则，本书将城市交通走廊划分为"两类、四种、多等级"。其中，"两类"指客运走廊、货运走廊；"四种"指客运走廊中的公交走廊、个体机动化走廊、慢行走廊，以及货运走廊；"多等级"指对不同走廊按照通行能力进行等级划分。

第三节　城市交通走廊建设意义

交通走廊在城市中发挥着优化交通结构、提高交通效率的作用，对城市交通效率的提升具有重要作用。但交通走廊所带来的不仅仅限于显性的交通效益，还包括经济效益、社会效益、环境效益。全面理解城市交通走廊的建设意义，有助于对各类城市交通走廊应用的选择和具体规划设计方案的优选。

一、交通效益

1．加强集聚

依靠显著的交通区位，交通走廊沿线更大强度地集聚相关城市功能。公交走廊沿线500m 范围覆盖的人口、就业比重甚至可以超过城市建成区总量的 50% 以上，可以不足10% 的用地承载半个城市的人口规模；个体机动化走廊可以集聚大型卖场、商贸中心等对货物运输灵活性要求高的功能；货运走廊两侧也可以集聚相关产业，并为各类产业提供包括集中交通运输的基础设施服务，从而进一步降低成本和吸引产业集聚。

2．有效疏解

交通走廊建设可以显著改善城市交通运行状态，尤其是走廊沿线，具体表现在公共交通、个体机动化交通的出行速度显著提升，出行的时耗显著降低，交通拥堵的路段及时段显著减少。例如，城市轨道交通开通后，沿线区域的地面交通车流速度通常可提升30% 以上。

3．结构优化

交通走廊可以显著改变城市的交通结构和居民的出行行为。尤其是公交走廊和慢行走廊，可大大提升公共交通、慢行交通的服务质量和出行体验，从而吸引、鼓励人们采用绿色交通出行。公交走廊沿线区域比其他区域的公交出行比重可高出 40% 以上。

4．运行安全

交通走廊通过客货分离、快慢分离等手段使得各种交通流能各行其道，减少相互干扰，降低交通事故率和交通事故死亡率，提高城市交通的安全性。例如，1995 年哥本哈根骑车受伤总数为 252 人，通过大力建设自行车走廊，2014 年这一数字降低为 90 人，居民对骑自行车感觉"安全"和"比较安全"的比例达到 94%。

二、经济效益

1．提升资金效益

交通走廊具有高效利用建设资金、发挥资源最大效益的特点。城市建设资金和管理资源都是有限的，如果把这些建设资金和管理资源像"撒胡椒面"一样分散到城市各处，应用效果非常有限，其交通改善效果也很难被公众感受。如果把建设资金和管理资源集中用于改善主要交通走廊，可以很快且很显著地实现交通改善目标，达到建设资金高效利用的目的。通过建设交通走廊，可以用最少的交通设施来实现更大容量、更高效率的出行。

2．提高土地收益

交通走廊具有集约利用土地的经济效益功能。城市交通走廊对走廊影响区的土地价值提升以及就业岗位的增加有着明显的刺激作用。由于交通走廊带来的可达性的提高，使得个人与厂商在决定选址时更倾向于选择走廊沿线地区，这就相应地导致该地区就业机会的提升与土地价值的提升。在市场经济环境下，对交通走廊沿线进行有效控制与开发是政府实现城市可持续发展的重要策略之一，不仅可以减少市政设施投资，也可以集约土地利用。经验表明，公交走廊沿线土地可增值 20% 甚至更多。

三、社会效益

1．节约出行成本

交通走廊可节约出行成本，尤其是公交走廊。对于出行者而言，出行成本主要包括交通工具购买成本、交通工具使用成本（如油费、停车费、事故处理、公交票价等）以及时间成本。公交走廊可以提供便捷、快速的交通服务，部分出行者会放弃选择小汽车而选择公交车，甚至考虑不再拥有小汽车，从而降低个人交通成本，促进提升公交出行比重。同时，交通走廊可大幅提升交通运输效率，从而降低出行的时间成本。在此基础上，可以降低城市的交通建设和运行、管理总成本。

2．促进社会公平

交通走廊建设有利于促进社会公平。交通公平是社会公平的一种基本要求，具体包括城市公共交通方式在速度、舒适度等方面不同而产生的横向交通公平，城市各个阶层收入、分配、消费存在差异性的纵向交通公平等。城市交通走廊为人们中长距离的快速出行提供了基础条件，可以使大部分交通需求者都受益，对使用不同交通方式的使用者带来相对平等的收益；城市交通走廊的建设也为社会弱势群体创造交通出行公平条件、参与社会活动提供了机会，使其基本交通需求得到满足。

四、环境效益

1．降低交通能耗

交通能耗与交通效率有很大关系，拥堵状态下的汽车能耗远高于正常行驶状态和畅通状态。根据相关测算，畅通行驶状态下小汽车的平均能耗约为每 100km 8L 燃油，而在拥堵状态下的能耗则达到每 100km 10 ~ 12L 燃油，增加 30% 左右。建设交通走廊在提升交通效率、缓解交通拥堵的同时，也大幅提高了能耗效率，从而降低交通的总能耗。

2．减少污染排放

城市交通所造成的污染已经成为影响城市生态环境的主要原因之一。据 2009 年国际能源署（IEA）报告，全球二氧化碳排放量约有 25% 来自交通运输；我国当前城市大气污染约有 30% 以上来自交通运输的碳排放。城市交通拥堵状况使得车辆尾气排放增加，加剧了城市环境污染。据北京市环科院的研究结果：小轿车的车速由 20km/h 提高到 50km/h，其排放的一氧化碳、碳氢化合物可减少 50% 左右。

构建交通走廊可有效缓解交通污染问题：①在方式环保方面，城市交通走廊尤其是公交走廊，有利于城市交通方式向更集约、更环保的方式转变；②在提速减排方面，可通过提高车流速度，降低由于拥堵或速度过慢导致的污染物排放；③在污染治理方面，城市交通走廊集中了城市大部分的交通，从而将大面积的交通污染集中到小面积的走廊沿线来，实现了交通污染影响范围的最小化，而针对最小化的污染影响面积，更便于采取有效的防治措施。

第二章　各类城市交通走廊的特性

不同类型走廊具有不同的功能定位、影响范围等属性，对规划设计要求也有很大的差异。本章分别介绍城市公交走廊、个体机动化走廊、慢行走廊、货运走廊的总体特征。

第一节　城市公交走廊

一、功能定位

（1）客运骨干服务功能。城市公交走廊是城市各大功能区交通贯穿连接的骨干，客运交通功能是公交走廊最重要的功能。公交走廊的出行量在整个城市客流总量中占有较高的比例，公交走廊能够有效发挥公交出行提效和服务水平提升的作用。

（2）用地开发引导功能。公交走廊由于其带来交通可达性的提升，会对外围一定区域产生辐射作用，形成一个包括公交廊道、两侧用地空间及衔接系统的带状系统。在此系统内，廊道效应将引导用地布局优化，并通过衔接系统优化城市路网结构。公交走廊影响强度由走廊中心轴向外逐步减弱，遵循距离衰减规律。

（3）人文生态环境功能。公交走廊的节点周边可承载大量的人口和就业岗位，对城市公共空间有强烈的需求，通过对节点周边的人文环境、生态环境的整合、塑造可提升公交走廊甚至整个城市的吸引力。

二、影响范围

公交走廊的影响范围是指依托公交走廊，具有明显的交通可达性优势，会对用地布局、出行行为特征等方面产生明显影响的用地范围。

1．直接影响范围

1）步行时空约束

公交走廊的直接影响范围是指乘客适宜通过步行到达公交走廊节点的范围，也称为步行影响范围，是客流集散的主要区域。主要采用两个标准：时间标准和距离标准。一般而言，人们可接受的步行到公交站点的时间为 5 ~ 10min，步行到站点的距离在500m 之内。考虑人们忍耐力的情况下步行到公交站点的距离可扩大为 800m。因此，当公交站点周边道路条件良好，且无河流、较高等级道路形成地理空间分割的情况下，可认为公交走廊的直接影响范围为站点半径 800m 的覆盖范围。当公交走廊的节点未确定位置时，可采用线路两侧各 800m 宽度范围作为直接影响区范围。

2）地租价格变化

对直接影响范围的用地，可以通过分析站点对周边不同物业价格的贡献度来划分不同的圈层。一些城市的站点周边商业、办公、住宅等用地价格的变化如表2-1所示。可以发现，几种类型的用地价格，均与其距站点的距离成反比关系。这说明随着距离的增加，站点对不同用地性质的影响有不同程度的减弱。

基于轨道站点周边物业价格的贡献度的影响范围划分　　　　　　表 2-1

城市	商业	办公	住宅
香港	主要影响半径：350m；次要影响半径：550m	—	—
深圳	100m 以内具有较大升值空间，100～300m 内增幅不大	100m 以内具有明显增值空间，100～200m 呈现大梯度衰减	300m 以内衰减不明显，300m 以外衰减显著
上海	—	—	800m 处出现拐点，在大约1 600m 处房价曲线下降改为水平并有少量上升
南京	在 200m 处衰减迅速	在 100m 处有显著衰减	在 300m 外衰减显著
北京轨道站点专题研究	在 100m 处有一次较大的衰减	在 150m 处有一次较大的衰减，在 350m 处急剧衰减	中心区可以划分为 0～300m、300～600m、600～1 000m 三个圈层；新区可以划分为 0～300m、300～700m、700～1 500m 三个圈层
最直接影响范围	以站点为中心 200m 半径圈层内	以站点为中心 150m 半径圈层内	以站点为中心 300m 半径圈层内

2. 间接影响范围

间接影响范围是指利用自行车、常规公交、小汽车等非步行的交通方式在一定时间范围内接驳到公交走廊节点的距离范围。

1）考虑因素

公交走廊间接影响范围的相关因素主要包括四个方面。

（1）区位条件

一般而言，在城市中心区，常规公交方式的线路密度较高，公交服务条件较好，公交走廊节点的吸引更多地集中在利用步行、自行车接驳的比较近距离的范围内；而在城市外围，尤其是公交走廊的末端站，人们利用自行车、常规公交、小汽车进行接驳换乘的比例将会增加，站点影响范围较大。

（2）出行时耗

可接受的接驳时耗与出行时耗成正比，一次出行的时耗越长，可接受的接驳时耗也越长。一般情况下，城市中利用公交走廊的出行属于中长距离出行，中小城市可按20～30min 计算，大城市以上可按40～60min 计算。按经验，接驳时耗可占出行时耗的 20% 左右，则中小城市为 4～6min，大城市以上为 8～12min。

（3）接驳条件

出行必须以道路条件为基础，节点周边道路条件较好时，能够利用步行、自行车、常规公交等方式实现便捷的接驳，则可能有较大的影响范围。如果节点周边道路缺乏，可能无法布置常规公交线路，行人、自行车也无法便捷通行，则节点的影响范围和吸引能力就会下降。周边道路条件的影响主要在城市外围节点密度较小的区域发挥作用。

（4）地理分割

河流、较高等级道路形成一定的地理空间分割，在桥梁、道路等交通设施不太完善的情况下，会对交通可达性产生较大的削弱，从而会减小公交走廊的间接影响范围。

2）确定方法（表2−2）

考虑不同接驳交通方式的接驳时间及接驳速度，建立接驳距离模型：

$$R_i = t_i \cdot v_i / 60$$

式中　R_i——第 i 种接驳方式的接驳距离（km）；

　　　t_i——第 i 种接驳方式的平均接驳时间（min）；

　　　v_i——第 i 种接驳方式的平均接驳速度（km/h）。

不同接驳方式的间接接驳距离　　　　　　　　表2−2

区位	公共交通方式	适宜接驳时间（min）	平均运送速度（km/h）	接驳距离（m）	考虑道路非直线系数的接驳距离（m）	建议接驳距离（m）
中心区	自行车	5	11	917	764	1 000
	常规公交	10	15	2 500	2 083	2 000
	小汽车	5	25	2 083	1 736	1 500
外围区	自行车	10	11	1 833	1 528	1 500
	常规公交	115	15	3 750	3 125	3 000
	小汽车	10	25	4 167	3 473	3 500

间接接驳距离与接驳出行方式密切相关。从比例来看，利用机动化接驳的比重占比较低，绝大多数接驳距离较短，长距离接驳仅占少数。以深圳地铁为例，市民乘坐一般线路从出发地/目的地到达各轨道站点的平均接驳距离为1.13km，其中1km以内的接驳出行占比60%，机场线平均约1.58km。本书所指的间接接驳距离为覆盖大多数接驳出行的范围，综合考虑理论分析和部分城市的经验，间接接驳范围中心区取1 000m，外围区取1 500m。

值得注意的是，直接影响范围和间接影响范围的实际形态并不严格等同于其理论形态。一方面，由于站点周边路网形态、路网密度各不相同，站点的影响范围实际上多为不规则的多边形（图2−1）。

另一方面，对于地铁、轻轨等大中运量公交方式，其站台具有一定的长度，确定其影响范围一般不是以站点为圆心，而是以站点出入口为圆心、以不同交通方式的接驳距离为半径来

（a）理论形态

（b）实际形态

图2−1　考虑路网因素的
公交走廊节点影响范围

计算（图2-2）。

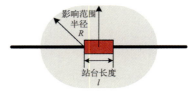

图2-2 考虑站台长度的公交走廊
节点影响范围

三、交通特征

城市公交走廊是客运走廊的主要类型，具有以下
重要交通特征：

（1）客流线性集中。一方面，公交走廊内公交方
式的供给充分、速度快、效率高，能够承担并吸引大
量的客流；另一方面，公交走廊集中大量的人口、就业岗位，客运需求沿公交走廊线性
集聚，为公交走廊提供客源。在这两方面的交互作用下，公交走廊的客流集中化趋势明
显，走廊所承载的公交出行量占城市公交出行总量的比例较高。

（2）空间节点集聚。公交走廊主要通过节点与走廊外部系统产生互动作用，会产生
明显的节点集聚现象，即通过节点带动较高强度用地的开发，如城市轨道交通站点周边
的TOD开发模式。另外，公交走廊节点良好的交通接驳设施会进一步提升节点的区位，
强化城市功能在节点的集聚。

四、等级划分

公交走廊的分级可根据不同公交方式的运能标准确定。参考国家相关标准，可以将
单向高峰小时公交客流量大于3万人的公交走廊定义为大运量公交走廊，适合发展地铁
等城市轨道交通；单向高峰小时公交客流量在1万~3万人之间的公交走廊定义为中运
量公交走廊，适合发展轻轨；单向高峰小时公交客流量在0.5万~1万人之间的公交走
廊定义为一般公交走廊，适合设置快速公交、公交专用道等（表2-3）。

主要公交方式运能比较 表2-3

地铁	轻轨	BRT	常规公交	
A型车辆：4.5万~7万人次/h			小型公共汽车：≤1 200人次/h	
B型车辆：2.5万~5.0万人次/h	1.0万~3.0万人次/h	≤1.1万人次/h	中型公共汽车：≤2 400人次/h	
LB型车辆：2.5万~4.0万人次/h			大型公共汽车：≤3 300人次/h	

注：常规公共汽车的客运能力按照最小发车间隔2min测算，平均运行速度15~25km/h。快速公共汽车系统的客
运能力是按发车频率20次/h，五车连发所得。

第二节 城市个体机动化走廊

一、功能定位

（1）交通服务功能。个体机动化走廊作为城市路网体系中的骨架，承担着城市道
路网络主流向上的交通量及其转换、衔接，是城市道路交通畅通和车流高效运行的重

要保障。

（2）组团联系功能。个体机动化走廊实现城市对外交通及功能组团之间的快速联系功能，满足城市组团之间的快速通达，促进城市组团之间的功能融合，增强城市的规模集聚效应。

（3）空间结构功能。个体机动化走廊是城市路网骨架，也是城市空间的重要支撑。区别于城市公交走廊串联城市组团中心的特征，个体机动化走廊一般布置于组团之间，通过集散道路进入组团中心，与公交走廊共同起稳定城市空间结构的作用。

（4）多样化的出行选择。个体机动化出行便捷、灵活，对于部分出行者、部分出行目的而言，是其他交通方式难以替代的。因此，个体机动化走廊是满足多样化出行需求的重要方式。

二、影响范围

将出行起讫点与个体机动化走廊简化为单中心圆与放射型线路模型，选取个体机动化走廊出入口 A 附近的 M 点作为出行起点，个体机动化走廊出入口 B 附近的 N 点为出行终点，且出入口 A、B 为同一个体机动化交通走廊上两个出入口，M、N 为出入口 A、B 影响范围边缘位置任意一点。M、N 间存在其他城市道路出行线路，出入口 A、B 间存在个体机动化走廊出行线路。出行者同时采用不同交通出行路径，从出入口影响范围边缘点（M）至另一出入口边缘点（N）可达性一致（图2-3）。

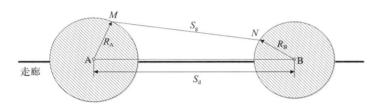

图2-3　个体机动化走廊出行路径对比

其中 A、B 点为出入口；

S_g——其他道路出行路径距离；

S_d——个体机动化走廊距离；

R_A——出入口 A 影响范围半径；

R_B——出入口 B 影响范围半径。

基于可达性角度建立个体机动化走廊影响模型是指出行者在选择出行方式时以出行时耗最少为决策标准，从出发点至目的地点可达性角度构建模型。即出行者由出发点 M 至目的地点 N，选用个体机动化走廊出行及其他道路出行均可抵达目的地，其中个体机动化走廊出行总时耗小于等于其他道路出行路径时耗，公式可表示为：

$$t_d \leqslant t_g$$

个体机动化走廊出行时间主要包括以下三部分：

（1）出发点 M 至最近个体机动化走廊出入口 A 所耗用时间，公式可表示为：

$$t_1 = \frac{R_A}{v_1}$$

（2）个体机动化走廊出入口 A 至个体机动化走廊出入口 B 耗用时间，公式可表示为：

$$t_2 = \frac{S_d}{v_d}$$

（3）个体机动化走廊出入口 B 至目的地 N 耗用时间，公式可表示为：

$$t_3 = \frac{R_B}{v_1}$$

上述公式可转换为：

$$t_1 + t_2 + t_3 \leqslant t_g$$

即：

$$\frac{R_A}{v_1} + \frac{S_d}{v_d} + \frac{R_B}{v_1} \leqslant \frac{S_g}{v_g}$$

公式简化为：

$$R_A + R_B \leqslant \left(\frac{S_g}{v_g} - \frac{S_d}{v_d} \right) v_1$$

式中　　R_A——个体机动化走廊 A 影响范围半径；

$\quad\quad R_B$——个体机动化走廊 B 影响范围半径；

$\quad\quad S_g$——走廊外部其他道路出行距离；

$\quad\quad S_d$——走廊内部出行线路距离；

$\quad\quad v_g$——其他道路运行速度；

$\quad\quad v_d$——个体机动化走廊运行速度；

$\quad\quad v_1$——个体机动化走廊影响范围内至出入口的平均运行速度。

个体机动化交通走廊的服务时效目标一般为 5～10min 可达（地块至个体机动化走廊出入口的服务时间），考虑交叉口信号延误、路径的非直线系数等因素，个体机动化走廊的影响区范围一般为两侧各 2～4km 范围内。

三、交通特征

个体机动化走廊作为城市小汽车交通方式最高层级的走廊，是为保障城市交通在相对最短的时间内完成其出行目的（或过程）而建设的空间廊道，其交通特征具有大流量、快速、连续、专用或部分专用等方面的特点。

（1）大流量。个体机动化走廊作为城市交通大动脉，承担着道路交通网络中占比最高的车流量。特大城市个体机动化走廊单向交通量超过 3000pcu/h，大中城市个体机动化走廊单向交通量在 1 000～3 000pcu/h。

（2）连续性。个体机动化走廊区别于城市一般主次干路，线路相对顺直，具有连续性和贯通性强的特点，优先保障交通动脉的畅通和连续，部分路段和节点采取控制出入口或立交方式，走廊上运行的交通流以连续流为主，区别于一般城市道路上的间断流。

（3）快速性。个体机动化走廊具有运行速度高的特点，在城市中心区外围其平均运行车速达到 50 ~ 60km/h，特大城市实现组团之间 30min 可达，大中城市实现组团之间 15min 可达的目标。

（4）专用性。在交通混合度较高的区域可采取下穿隧道、地面主辅路、高架等形式以保障走廊车流运行的专用性，将城市快慢交通、长短交通、机非交通分离，以提升城市交通走廊运行效率，同时也提升了城市交通的整体运行效率。

四、等级划分

根据道路系统功能等级划分、道路承载的交通流量特征、与城市用地的关系，个体机动化走廊主要依托城市骨干性交通道路构建，结合运行车速和高峰小时交通量可划分为三个等级（表 2-4）。

个体机动化走廊等级划分 　　　　　　　　　　　　　　　　表 2-4

等级	功能说明	设计车速（km/h）	高峰小时交通量（pcu）
I 级	为城市长距离机动车出行提供快速、高效的交通服务	80 ~ 100	3 000 ~ 12 000
II 级	为城市中长距离机动车出行提供快速交通服务	60 ~ 80	2 400 ~ 9 600
III 级	承担城市主要功能区之间的联系交通，负责主要对外出入口衔接服务	40 ~ 60	2 400 ~ 7 200

第三节 城市慢行走廊

一、功能定位

以服务通勤、通学为主的慢行交通，串联城市功能区，承担相对大流量、相对长距离的步行和自行车出行的廊道。

二、影响范围

此处分析主要针对服务通勤、通学日常生活性走廊。鉴于休闲慢行走廊布局与河流、绿带等密切相关，到达方式包括小汽车、公交、慢行等多种方式，影响范围应因地制宜，结合走廊实际影响的要素分析确定。

1. 自行车走廊影响范围

在走廊影响范围内，使用走廊的出行成本相对于采用其他路径的出行成本应该更低，出行者才会选择走廊出行。参考图 2-3，建立以下函数：

$$\frac{R_A}{v_1} + \frac{S_d}{v_2} + \frac{R_B}{v_1} \leqslant \frac{S_g}{v_1}$$

$$\text{s.t.} \begin{array}{l} 0 \leqslant R_A \leqslant R \\ 0 \leqslant R_B \leqslant R \end{array}$$

式中　　　R——自行车走廊对自行车交通影响范围；

　　R_A、R_B——影响范围内不同节点至进入自行车走廊距离；

　　S_d、S_g——分别为在走廊内和走廊外的自行车骑行距离，对于方格路网，认为$S_d = S_g$；

　　v_1、v_2——城市道路、走廊上的自行车骑行速度。可得：

$$R \leqslant \left(\frac{S_g}{v_1} - \frac{S_d}{v_2} \right) v_1$$

走廊内自行车速度约为非走廊道路的 1.2 倍，即：

$$v_2 = 1.2 v_1$$

得到：

$$R \leqslant \left(\frac{S_d}{v_1} - \frac{S_g}{v_2} \right) \cdot v_1 = \left(\frac{S_d}{v_1} - \frac{S_d}{1.2 v_1} \right) \cdot v_1 = S_d - \frac{S_d}{1.2}$$

可见影响范围与自行车出行距离直接相关。根据相关研究，不同规模的城市自行车出行时耗没有太大差异，约 25min，平均 5km 左右。

计算得自行车间接接驳距离 $R = 0.85$km。综合考虑，本书对自行车走廊的影响范围取 $0.8 \sim 1.0$km。

2. 步行走廊影响范围

由于步行速度稳定，基本不受城市道路条件影响，且步行交通对于距离十分敏感，因此，只有出行者选择步行走廊的步行距离小于选择其他路径时，出行者才会选步行走廊。以图 2-4 中方格状路网为例，当出行目的地较为接近步行走廊时（见图 2-4a），街区尺度即为走廊的吸引范围，在该范围内出行者将选择路径 1，而当出行目的地较接近普通慢行通道时（见图 2-4b），走廊的吸引范围仅仅为街区尺度的 1/2，只有在该范围内出行者才会选择路径 1。因此，步行走廊的影响范围即其所在街区，而其中较强的影响范围一般为街区尺度的二分之一。

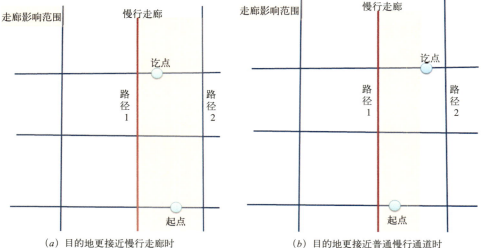

（a）目的地更接近慢行走廊时　　　　　　　（b）目的地更接近普通慢行通道时

图 2-4　步行走廊影响范围示意

三、等级划分

本书所提到的慢行走廊主要有两个特点：一是走廊内的出行不以滞留、观光为目的，而以通过性为主；二是达到一定的出行流量规模，这类走廊主要服务以通勤、通学为主的规律性出行。休闲、观光类廊道以滞留、体验为目的，不能称之为走廊，也不属于本书的研究范围。本书对慢行走廊的分级主要依据通勤、通学等慢行流量的大小。慢行交通走廊可分为两级，其功能定位、推荐宽度和高峰小时通行能力如表2-5所示。

慢行交通道路功能分级　　　　　　　　　　　表2-5

分级	功能定位	推荐宽度（m）		高峰小时通行能力（人次／辆）	
		步道	自行车道	步道	自行车道
一级	慢行交通廊道包括客流量最大的步道和最重要的自行车道，构成慢行交通系统的主骨架。连通高强度慢行核与公交走廊节点，应避免沿快速路、主干路布设，优先选择机动车较少的支路或次干路布设；也可以在部分商业型道路专门布设步行廊道	>5.0	3.5～4.5	6 000～10 000	3 600～7 200
二级	慢行交通通道包括可达性较高的步道和比较重要的自行车道，填补和加密慢行交通廊道的空隙，应优先选择可达性高的贯通道路布设	3.5～5.0	2.5～4.0	3 000～5 000	2 000～3 000

第四节　城市货运走廊

一、功能定位

货运走廊集中了城市中、城际间大宗货物、零散货物的运输，空间上能够与主要的货源供应地、接收地产生较为便捷的联系；运速上能够满足供货运输组织的时间要求。一般以铁路、水运和公路为主要运输载体，根据运输物品、运输目的和具体要求选择不同的形式。本书中"城市货运走廊"特指载货汽车占主要交通比例、对于运行速度和车流连续性有一定要求的城市道路及两侧腹地和接驳系统。货运走廊可与个体机动化走廊复合进行建设。

货运走廊除能够作为货源集散地之间的联系通道，同时也能够起到组团划分和串联生产空间的作用。通过货运走廊两侧的绿化带建设，形成有效的生态隔离空间，划分城市组团；同时，借助走廊的货流，带动沿线工业片区、物流片区的集聚，有效串联城市生产组团，形成产业发展带。

二、影响范围

1. 基于货运成本的范围划定

相较于轨道公交走廊，可以认为货运走廊影响半径在每个节点相同。参考图2-3，在走廊影响范围内，使用走廊的出行成本相对于采用其他路径的出行成本应该更低，建立以下函数。

$$\frac{R_1}{v_1} + \frac{S_1}{v_2} + \frac{R_2}{v_1} \leqslant \frac{S_2}{v_1}$$

$$\text{s.t.} \begin{array}{l} 0 \leqslant R_1 \leqslant R \\ 0 \leqslant R_2 \leqslant R \end{array}$$

式中　　　R——货运走廊影响范围；

R_1、R_2——影响范围内不同节点至进入货运走廊距离；

S_1、S_2——分别为在走廊内和走廊外的货车运行距离；

v_1、v_2——城市道路、走廊上的货车运行速度。

$$R \leqslant \left(\frac{S_2}{v_1} - \frac{S_1}{v_2} \right) v_1$$

不考虑城市交通管理对货运的影响，一般认为到达走廊时间与走廊内运行时间达 1 ∶ 2 或以上，吸引力较大，按照货车平均运输距离 10km 计算，影响范围约为 2 ～ 3km；随着运输距离的增大，影响范围也会相应增大。

2. 基于环境影响的范围划定

货运走廊的建设，除了带来正效益，也会由于将货运高度集中而带来一定的负面效应，如噪声、尾气集中等。参照《声环境质量标准》GB 3096—2008，干道两侧敏感建筑物窗外 1m 环境噪声限值昼间和夜间等效声级分别为 70dB 和 55dB，按照一般经验，道路两旁建设 20 ～ 50m 的绿化隔离带可以满足对于噪声的削减要求。

在环保设计中，对噪声的处理主要是应用汽车减噪技术、路面减噪材料（可减噪 3 ～ 10dB）及路侧面建隔声墙（可减噪 5 ～ 10dB）等工程技术措施，绿化措施可以作为重要的辅助措施（可减噪 3 ～ 10dB），特别在交通噪声严重超标地段需要多项措施协同使用，可以取得较好的减噪效果，将噪声更有效地控制在允许的范围内。负效应距离指噪声以自然衰减的形式达到标准要求的距离。以线声源衰减公式计算：

$$\Delta L = 10 \lg(1/2rl)$$

式中　ΔL——衰减声级；

r——线声源至受声点的距离；

l——线声源长度。

当 $r/l < 0.1$ 时，可视为无限长声源，此时，在距离声源 r_1 ～ r_2 处的衰减值为：

$$\Delta L = 10 \lg(r_1/r_2)$$

以货车在道路上运行产生噪声 90 ～ 100dB 计算，在不采取任何隔离、削减等技术措施的情况下，距离线声源 500m 才能基本满足标准要求；在增加相应隔离、削减措施的情况下，可以大大缩小噪声的影响范围。

三、交通特征

除通行货车外，货运走廊也可通行其他类型汽车，但道路选线、线型及断面等设计主要应考虑货车运行的特征（表 2－6）。

载货汽车分类　　　　　　　　　表 2 - 6

货车类别	车型参数
微型货车	车长小于等于 3.5m，载质量小于等于 750kg
轻型货车	车长小于 6m，总质量小于 4 500kg
中型货车	车长大于等于 6m，总质量大于等于 4 500kg 且小于 12 000kg
大型货车	车长大于等于 6m，总质量大于等于 12 000kg

注：参考《中华人民共和国机动车登记办法》。

根据一般经验，国省道和高速公路承担货物运输时，一般货车占比可达 30% 左右，城市货运走廊需与国省道等区域性货运通道沟通联系。综合考虑各种因素和相关经验，本书提出"城市货运走廊"的判定标准如下：

生产性货运走廊：货运比例达到 30% 或以上，且大、中型货车在货车中占比 20% 以上。

生活性货运走廊：大、中型货车在货车中占比低于 20%，以轻型、微型货车为主。

四、等级划分

货运走廊的等级应与承担货运量相匹配，根据运能大小可以分为一级廊道、二级廊道，一般依托城市快速路、主干路进行规划设计，其功能定位、推荐宽度和高峰小时通行能力如表 2 - 7 所示。

货运走廊等级划分　　　　　　　　表 2 - 7

名称	功能定位	设计车速（km/h）	高峰小时交通量（pcu）
一级廊道	联系城市不同工业组团或者以承担过境区域货运为主，以长途货运功能为主	60 ~ 80	2 400 ~ 9 600
二级廊道	联系货源发生地与货运走廊，一般承担短途输送功能	40 ~ 60	1 200 ~ 4 800

第三章 城市交通走廊典型案例

在城市交通走廊的成效方面，国内外部分城市提供了很好的启示。本章选取一些典型的交通走廊进行简要介绍，对走廊的交通效益、经济效益、社会效益、环境效益进行分析、总结，为各类走廊的系统化规划设计提供参考。

一、中国香港地铁走廊

我国香港特区土地面积约 1078km²，其中平地、缓坡部分仅占 17.8%，其余部分大多是陡峭的山地和丘陵，特殊的经济区位和地域、地形约束使香港成为世界上人口密度最高的城市之一。当前香港城市人口超过 700 万，市区平均人口密度高达 26000 人/km²。

相较于其他城市而言，香港地铁走廊的城市空间载体功能、交通运输功能在全世界范围内都有着相当"漂亮"的数据：2001 年，41% 的就业人口和 43% 的住宅分布在地铁站 500m 范围内，20% 的住宅分布在地铁站 200m 范围内；2007 年，280 万人口居住在地铁沿线 500m 之内，超过香港总人口数的 40%，更有 75% 的人口由于工作或居住在地铁周边而搭乘地铁；在新界，约有 78% 的就业岗位集中在 8 个位于地铁站附近的就业中心内，其用地面积之和仅占新界总面积的 2.5%；香港特区政府的目标是轨道车站 500m 半径范围内覆盖约 70% 的人口和 80% 的就业岗位，而这一面积也仅占总用地面积的 10% 左右。香港公共交通占机动化出行比率超过了 92%，香港地铁每天运载 39.8% 的公交乘客，在公共交通系统中承担骨干的作用。基于以上数据，将香港称为"地铁上的城市"都不为过（图 3-1、图 3-2）。

香港轨道交通的成功使其成为世界各地学习的对象，其开创先河的"地铁 + 物业"的走廊规划、设计、运营模式更是被广泛借鉴。"地铁 + 物业"开发模式是在地铁规划建设的同时，地铁公司通过主导地铁沿线片区综合规划从而实现土地集约利用，同步发展地铁上盖物业以及配套完善、以人为本的优质社区，一方面为地铁提供充足客源，增加运营收入，另一方面利用物业开发回收土地增值部分，以补贴轨道交通建造成本，项目得到合理回报。香港利用"地铁 + 物业"的一体化开发模式，不仅极大地提升了城市交通通达性，使轨道交通成为通勤出行的骨干，改善了城市拥堵，解决了地铁投资巨大的资金缺口问题，更为关键的是通过最大化地利用地铁及周边资源，积极发展城市现代服务业，充分挖掘城市经济增长潜力。"地铁 + 物业"的开发模式具有典型的 TOD 特征，并且带来了客流量的红利。正是抓准了公交走廊这一关键，才使得香港以狭小的空间承载了如此大量的人口，并有效地控制住了城市交通拥堵（图 3-3）。

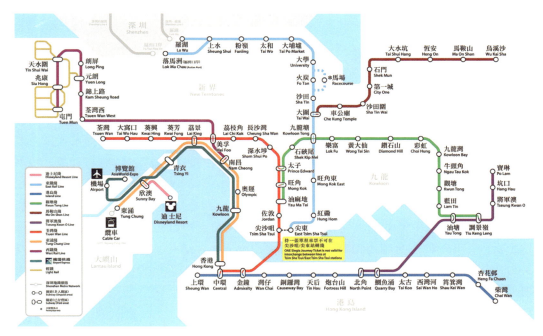

图 3-1　香港轨道交通线路图

图 3-2　香港轨道交通沿线高强度开发

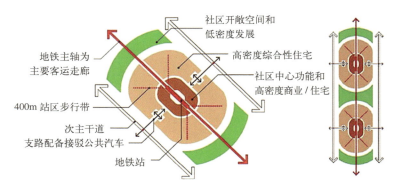

图 3-3　香港地铁车站周边开发模式图

二、美国阿灵顿地铁走廊

阿灵顿（Arlington County）位于美国弗吉尼亚州（Virginia）的东北部，东部紧邻美国首都华盛顿特区（Washington D.C.）。阿灵顿地铁走廊是美国 TOD 模式最成功的案例之一，被誉为美国 TOD 发展最为成功的地区，2002 年获美国环保总署授予的"国家精明增长成就奖"。

阿灵顿地铁线路属于华盛顿大都市区地铁系统的一部分。华盛顿大都市区拥有蓝线、绿线、橙线、红线、黄线 5 条线路，其中阿灵顿内的为橙线、蓝线和黄线，线路长度 19.63km，设有 11 个站点，主要形成了 Rosslyn-Ballston 和 Jefferson Davis 两条地铁走廊。阿灵顿沿 Rosslyn-Ballston 和 Jefferson Davis 两条地铁走廊进行了高强度开发。阿灵顿超过 3100 万 ft^2 的商务建筑和近 3 万个居住单元中有超过 3/4 集中在这两条地铁走廊内，40% 的住房单元和 65% 的工作岗位位于地铁站点邻近区域。地铁走廊沿线 39.3% 的居民使用公共交通通勤出行，这一比例是走廊之外居民的 2 倍，阿灵顿公共交通出行比例在华盛顿地区最高（图 3-4、图 3-5）。

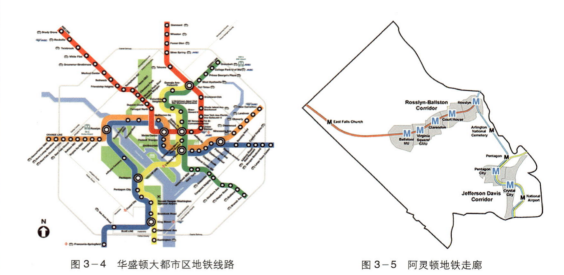

图 3-4　华盛顿大都市区地铁线路　　　　图 3-5　阿灵顿地铁走廊

以 Rosslyn-Ballston 走廊为例，R-B 走廊以地铁为载体，从 Ballston 站点出发，沿威尔逊林荫大道旧址，途经 Court House、Clarendon、Virginia Square，终点为 Rosslyn 站，全程共 3mi。Rosslyn-Ballston 走廊在 1970 ~ 2008 年间其沿线就业岗位、办公面积、居住单元分别增长了 309%、278% 和 280%；而阿灵顿在 1960 ~ 2008 年间其就业岗位和居住单元的增长分别为 106% 和 41%；即 R-B 走廊沿线就业岗位、居住单元的增长分别是阿灵顿整体增长的 2.9 倍、6.8 倍。地铁走廊沿线土地功能的混合开发也确保了地区的经济活力，地铁走廊沿线零售、娱乐等服务业的有效提供带来了与美国其他非 CBD 地区相比近 3.5 倍的乘客流量（图 3-6）。

图 3－6　美国阿灵顿地铁走廊实施前后对比图

三、库里蒂巴 BRT 走廊

库里蒂巴市位于巴西的东南部，是巴西巴罗纳省的省府，也是巴西南部最大的金融中心，巴西人均 GDP 最高的城市之一。2000 年库里蒂巴市人口 159 万，面积 $432km^2$；库里蒂巴大都市区人口 277 万，面积 $15\ 622km^2$。

库里蒂巴的城市空间结构非常清晰，完全是建立在以 BRT 系统为支撑的、公交走廊引导形成的、单中心放射线布局结构。5 条 BRT 走廊沿线呈现高密度、高强度开发，高层公共建筑、多层和高层住宅集中布置在 BRT 走廊两侧，其余地区是低层低密度住宅或公园绿地。城市主要的商务、商业、公共活动等集中在这 5 条轴线上。轴线与轴线之间是严格控制的低容积率的居住区，禁止高层建筑的开发（表 3－1）。目前，正处于规划中的第 6 条走廊同样延续了两侧高强度开发的模式（图 3－7）。

图 3－7　库里蒂巴规划城市空间结构示意图

公交走廊导向的城市空间结构是库里蒂巴 BRT 系统获得成功的关键。库里蒂巴市沿 5 条"结构轴线"布局，在轴线两侧两个街区的范围内高密度开发，沿轴线开发的土地容积率可达到 6，沿结构轴线上形成了巨大的交通需求；严格限制轴线两个街区以外的土地开发，避免了在轴线的垂直方向产生与轴向相交的、过强的横向交通需求，充分体现了土地使用强度、交通需求与城市结构相匹配的原则。BRT 公交走廊与两侧小汽车道路构成的"三重轴线"交通系统，有效促进了公交与小汽车的合理分流，保证了公交走廊的高效运行和小汽车交通流的通畅（图 3-8）。

库里蒂巴 BRT 走廊和邻近社区居住密度对比（1992 年） 表 3-1

范围	居住分区	人口（万人）	居住人口密度（人 /hm²）	居住单元密度（户 /hm²）
走廊区域	高层混合居住区	14.07	294	93
	中高密度居住区	27.13	164	40
邻近社区	中等密度居住区	24.08	76	22
	低密度居住区	41.65	63	17

实施前

实施后

图 3-8　巴西库里蒂巴 BRT 走廊实施前后对比图

但是，库里蒂巴 BRT 公交走廊沿线住房的房价较高，其居民利用公交出行的动力反而相对较低；而两侧小汽车道路沿线住房的房价较低，其居民才是真正需要利用公交出行的人群，因此存在公交出行人群分布与公交走廊错配的问题。针对这一问题，库里蒂巴正在考虑对走廊内外住房类型、户型的配置上作出应对措施，以引导对公交服务需求较强的人群向走廊内迁移。

四、布宜诺斯艾利斯 BRT 走廊

阿根廷布宜诺斯艾利斯在全球最宽的街道中间修建了 BRT。在这座约 300 万人口的城市中，每天有 800 万次出行，而其中的 83.5% 由公共交通方式完成（公交 57%，地铁 18%，铁路 1%，出租车 4%，自行车 3.5%）。公共交通的良好表现在很大程度上得益于城市 BRT 系统（图 3-9）。

图 3-9　布宜诺斯艾利斯道路交通示意图

　　以阿根廷独立日命名的"七月九日大道"贯穿于布宜诺斯艾利斯的市中心，宽148m，原有双向 22 车道，是世界上最宽的机动车道。2013 年，顶着来自于建设、城市规划和园林部门的多重压力，其中间的 4 车道被改造为路中专用 BRT 车道。坐落于"七月九日大道"上的方尖碑见证了小汽车在市民心中的重要地位，如今也见证了这座城市由私人机动车主导到公共交通主导观念的巨大变革。全长 4.8km 的七月九日大道 BRT 走廊，全线设置超车道，站台水平登乘，站内具有实时到站乘客信息，每天服务于 20 万名公共交通乘客，为乘客带来每人每天 40min 的时间节省效益。除此之外，BRT 走廊还为市民和游客提供了更加舒适和相对安全的步行通道（图 3-10）。

　　除了"七月九日大道"走廊之外，布宜诺斯艾利斯还于 2013 年 9 月开设了 Metrobus Sur BRT 走廊，Norte、AU 25 de Mayo、SanMartin 走廊随后在 2015 年和 2016 年开通。布宜诺斯艾利斯的 BRT 系统已经构成总长 62.5km，包括 8 条 BRT 走廊的复合网络，91 条 BRT 线路每天为 140 万名乘客提供服务。布宜诺斯艾利斯的 BRT 系统的受益者不仅仅局限于公共交通使用者，它也使小巴的出行时间节省了 45%，私人小汽车的出行时间节省了 20%。

图 3－10 "七月九日大道"BRT

五、广州中山大道 BRT 走廊

我国广州市是广东省省会、国家中心城市，地处广东省中南部，珠江三角洲北缘，毗邻南海，是中国通往世界的南大门。2017 年年末，广州市常住人口 1 449.84 万人，城镇化率为 86.14%（图 3－11）。

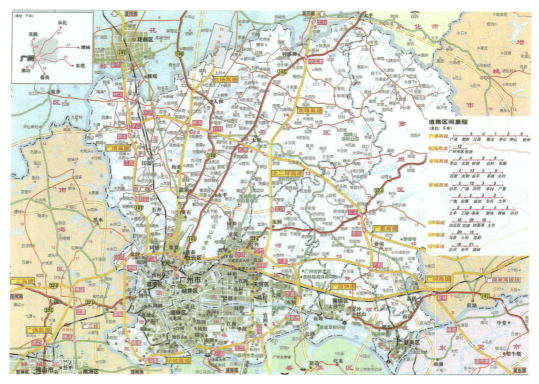

图 3－11 广州交通体系示意图

广州中山大道 BRT 于 2008 年动工，2010 年 2 月正式开通，西起天河体育中心，东至黄埔夏园，全线总长 22.9km。天河体育中心是广州开发强度最大的地区之一，人口基数大，就业岗位多；而天河区东部与黄埔，有着大量的居住区，以及未来具备城市更新条件的地区。高强度的土地利用为广州 BRT 提供了充足的客流，大大提升了公交的使用效率，而沿线可重新开发地区也受到公交系统的影响，正在往高密度、高混合度的方向发展，提升了土地利用效率。BRT 沿线现代服务业、商业以及高层住宅正在取代原有的工厂、物流、农业等低端业态。

自 BRT 开通以来，其日均客流量达 85 万人次，最高达 96 万人次，单向高峰小时断面通过量达 2.99 万人次，接近地铁水平。广州 BRT 于 2011 年荣获可持续交通发展奖，是国内交通项目首获此奖者。对比建设前后的一组数据，可以很好地说明建设城市公交走廊带来的效益：BRT 建设后，BRT 走廊沿线公交运营利润提高 63%，乘客平均出行费用降低 76%；沿线公交客流上升 49%，公交车能耗下降 4.3%，乘客人均排放二氧化碳量下降 31.2%，公交车平均运营速度提高了近 84%，沿线社会车辆平均运行速度提速 28%，市民搭乘公交的候车时间减少 15%，乘车时耗减少 29%（图 3－12）。

实施前

实施后

图 3－12　广州中山大道 BRT 走廊实施前后对比图

六、深圳市宝安大道

宝安大道是我国深圳市西部工业组团、宝安中心组团之间的个体机动化走廊，沿线联系沙井、福永、机场、西乡、宝安中心区。全长 32.8km，穿越 5 个街道，连接深圳机场，南起新城联检站，北接松岗塘下涌立交桥，与 107 国道相连。在交通设计方面，红线宽度 100m，主车道为双向 8 车道，设计时速 60km/h，两侧设有辅道，设计时速 35km/h，中央绿化带宽 2 ～ 16m，主辅分隔带为 4m，每隔 800 ～ 1000m 设置 1 处掉头车道（图3－13、图3－14）。

现状该走廊沿线土地利用功能较为单一，开发强度不高，地块平均容积率为0.68，分布较为分散。规划通过完善走廊交通设施建设带动沿线地区用地混合，引导商业和商务办公设施布局，促进公共文体、休闲设施建设，引导沿线用地功能升级，打造走廊两侧的"公共功能带"。与现状用地开发强度相比，走廊建设后各类用地开发强度显著提升，容积率普遍大于2.0以上，部分高强度开发地区达到4.5以上。沿着走廊沿线布局住宅小区、办公、商业、航空物流中心等用地功能，显著增加就业岗位和居住密度，产业层次显著提升，同时充分利用走廊两侧的河流自然资源，打造以生态景观为主要特色的门户形象，提升了沿线的高品质生活环境（图3－15）。

在沿线用地和景观方面，全线分为松岗门户段、沙井中心段、福永沙井综合段、航空城段、西乡生活段、宝安中心段这六大特色区段。其中，松岗门户段的功能导向是商业、办公、居住与工业，因此将强化次中心的综合服务功能，充分利用河流自然资源，打造以生态景观为主要特色的深圳门户形象；沙井中心段将重点提升商业

图3－13　宝安大道与沿线城市空间结构图

图3－14　深圳市宝安大道实景图

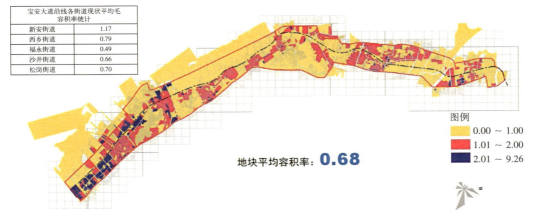

宝安大道沿线各街道现状平均毛容积率统计	
新安街道	1.17
西乡街道	0.79
福永街道	0.49
沙井街道	0.66
松岗街道	0.70

地块平均容积率：**0.68**

图例
- 0.00 ~ 1.00
- 1.01 ~ 2.00
- 2.01 ~ 9.26

图3－15　现状宝安大道沿线地块容积率情况

服务的聚集度，形成清晰的服务核心，鼓励宝安大道该段沿线商业、办公、居住的高度混合，限制沿线的工业开发；福永沙井综合段将整合提升高新技术产业园区，强化沿街办公、商业、居住配套设施聚集，建立现代产业综合配套服务区段特色；航空城段将整合打造航空物流中心，鼓励会展经济；西乡生活段将吸纳宝安中心区功能外溢，建立商业、办公、住宅高度混合的综合性区段，整合提升碧海公园、铁仔山公园的旅游服务功能，营造富于活力的高品质生活、休闲城市形象；宝安中心段将以生产性服务中心为建设目标，引导总部经济，鼓励商业企业的进驻，强化公共服务中心形象。

七、纽约百老汇步行走廊

2007年，美国纽约市长布隆伯格宣布要建设"更绿色、更宜居的纽约"。纽约通过多种策略提升城市街道上所有人群的出行环境，这一愿景集中体现在百老汇大道（Broadway），通过一系列迅速且成本不高的试点项目，在百老汇大道沿线新增4.5万 m^2 的公共空间。改造后行人数量增加11%，交通事故率减少63%。在2008年金融风暴中纽约地产贬值6.5% ~ 36.5%的情况下，沿线地段逆势增值29%（图3－16 ~ 图3－18）。

改造前

改造后

图3－16　改造前与改造后的纽约百老汇大街街道场景

改造前

改造后

图 3-17　改造前与改造后的自行车道

改造前

改造后

图 3-18　改造前与改造后的百老汇大街与第五大道交叉口

八、哥本哈根自行车走廊

自行车文化是丹麦哥本哈根的一张城市名片，哥本哈根在各类全球生态城市排行榜中都名列前茅，发达的自行车系统是其中的一项重要因素。近年来，哥本哈根市政府规划在首都周边建设 26 条自行车快速路，鼓励人们骑自行车进出哥本哈根。第一条自行车快速路 2015 年 4 月开通，城市规划者们喊出了"让自行车道超过州际公路"的口号。自行车快速路的目的是在提高效率、安全和舒适程度的前提下倡导绿色低碳方式，为骑行者提供快捷、健康的出行服务。通常在道路上使用明亮的颜色标示出来，在路口处，部分使用信号灯控制，通过自行车绿波带的设置保障自行车快速路的连续通行。

自行车快速路不仅创造良好的慢行环境，也为城市的休闲娱乐活动提供条件，大幅降低了市中心的机动化交通量，使得自行车出行比例保持在较高水平，2012 年达

图 3-19 哥本哈根自行车快速路及市内自行车道

到 37% 且呈逐年上升趋势。有了第一条自行车快速路以后，该走廊的骑车人数增加了 30%，每年减少 7000t 的二氧化碳排放量；同时，提升了慢行出行安全程度，每年节省约 3 亿丹麦克朗的医疗费用（图 3-19）。

九、苏州苏虹路货运走廊

我国苏州工业园区是苏州经济社会发展的重要增长极。2017 年实现地区生产总值 2 350 亿元，同比增长 7.2%，全国经开区综合考评中位居第一，在全国百强产业园区排名第三。园区内布置大量的高端高新产业，目前拥有各类外资研发机构 161 家，经认定的省级总部机构 39 家，占全省 20%；百度、华为、滴滴、科大讯飞、苹果、微软、西门子等公司都在园区设立了人工智能相关领域研发或创新中心。大量的企业、工厂、研发机构带来园区经济腾飞的同时，货运交通量也在不断增大，目前园区城市道路网络基本定型，有效支撑了城市交通及货运交通需求（图 3-20）。

苏虹路是苏州工业园区东西向主要的货运走廊之一，红线宽度 45.6m，长度约 13km，四块板双向六车道，设计速度 60km/h。自东向西接入南北向主干路 9 条、次干路 8 条，向东可接入京沪高速，向西可接入常台高速、G312，集散功能较强。随着跨娄江联系通道的建设完成，苏虹路与娄江大道之间的联系转换更为便捷，承担原娄江大道约 30% 的货运交通，逐渐成为娄江大道的重要分流道路（图 3-21）。

苏虹路交通条件便利，货车进出便捷，道路两侧厂房、仓储用

图 3-20 苏州工业园区道路网络系统图

图 3－21　苏虹路道路断面图

图 3－22　苏虹路两侧用地布局

地集聚，约占园区总量的 20%。星湖街以东以生产研发用地为主，辅以部分商住开发；星湖街以西以工业用地为主，苏虹路两侧分布有飞利浦、博世、三星、海格等 1000 多家国际、国内知名企业，被称作"世界 500 强走廊"（图 3－22）。

十、案例总结

以上世界各地的案例为我们更为深入地了解城市交通走廊带来了一定的启示：

（1）关于走廊类型。各类城市交通走廊都具有成功的案例，包括公交走廊、个体机动化走廊、步行走廊、自行车走廊以及货运走廊。但总体而言，公交走廊运用更广，所起到的效果也更明显，尤其是对于人口密度高的大城市、特大城市，公交走廊的地位更高甚至不可或缺。当然，公交走廊所采用的主导交通方式也是多样的，城市轨道交通、BRT 是最为常见的类型。

（2）关于走廊与城市空间的关系。走廊可以与城市用地同步建设甚至超前建设，也可以在城市用地布局相对稳定的情况下建设。前者可以称为"引导式"走廊，通过走廊与用地的协同建设，走廊引导用地开发，用地反哺走廊交通流，主要在新区应用较多；后者可以称为"追随式"走廊，客流走廊主要沿城市既有的交通主流向布设，为既有交通流提供更为优质的服务，同时随着时间的推进起到进一步集聚城市功能的作用，带动城市更新，这种做法则主要在城市旧区应用较多。

（3）关于走廊的效益。上述案例都体现了走廊在交通效益、经济效益、社会效益、环境效益方面所发挥的作用。其中交通效益最为直接，表现为道路车流速度的提升、出行时间的节省；经济效益表现为降低成本和提升价值，走廊本身的集约化建设和对功能集聚所带来的节省，包括土地资源以及土地开发需要的基础设施建设，这些最终都会传递到广泛的城市经济中并降低生产、生活成本。同时，走廊带来的可达性提升可提升沿线土地价值，这对于"城市经营"来说也是有意义的；社会效益则体现为对弱势群体的关怀等方面，提升城市的包容性；环境效益则体现在节能、减排、污染治理等方面的显著效果。

第四章 城市交通走廊的总体布局

　　城市交通本身是一个复杂网络，涉及各种交通设施和各类交通流的交织，城市交通走廊则是这一复杂网络中的骨架，既要承担快速运输的功能，更要配合交通网络布局、功能，以最大化发挥网络效应，这就需要处理好交通走廊与交通网络的关系。同时，"交通与用地一体化"是城市交通走廊的本质特征，城市交通走廊网络是城市的重要轴线，目的是更有效地运输更多的人和货物，但其绝不是孤立存在的，这就需要交通走廊与城市空间、城市中心体系、城市产业布局等紧密协同。再者，城市中存在各类交通走廊，这些走廊之间本身也需要进行统筹布局。本章将首先对影响城市交通走廊的各种因素进行分析，然后采用定性、定量相结合的方法阐述交通走廊在城市中的总体布局问题。

第一节 布局影响因素

一、人口规模

　　人口规模决定城市出行总规模，对客流是否集聚成为公交走廊、车流是否集聚成为个体机动化走廊具有决定性影响，对这两类走廊的数量、等级的确定也产生直接影响。城市人口规模越大，城市出行总规模越大，所需要的走廊就越多，大规模、高等级走廊的出现概率也将大大增加。慢行交通是城市最基本和必不可少的交通方式，不同人口规模的城市均可形成慢行走廊；货运走廊与城市产业类型和布局密切相关，与城市人口规模无明显相关性。

　　1. 对公交走廊的影响

　　城市人口规模决定了高峰小时的客流强度，并间接影响到是否需要建设交通走廊，以及走廊主导公交方式的选择。对于主要断面流量而言，150万人以下城市一般能够产生近1万人次的高峰小时客流量，公交走廊的适宜类型则以常规公交为主，可考虑BRT、有轨电车等中运量公交系统方式；150万～300万人口的城市能形成1万～3万人次的高峰小时客流量，300万以上人口的城市能形成3万人次以上的高峰小时客流量，可酌情考虑轻轨、地铁等大、中运量轨道交通，形成专用路权为主、部分混用的城市公交走廊系统。结合国家的相关要求，300万人以上大城市可重点考虑建设以地铁为主导方式的公交走廊系统，150万人以上大城市可考虑轻轨为主导方式的公交走廊。

　　城市局域人口规模影响公交走廊的布局形态。如在城市中心区，人口密度高、规模大，公交走廊相对密集，城市外围人口规模较大地区，也多宜以公交走廊串联。总体而言，无论是以常规公交、轻轨，或是地铁为主导方式，公交走廊多串联城市局域人口规模较大且集中的地区，以有效支撑人们的通勤、购物等多元需求，起到引导人口出行、优化职居时空关系的作用。

2．对个体机动化走廊的影响

城市人口规模决定高峰小时断面交通量，决定个体机动化走廊方式选择。100万人以下城市由于人口数量和交通出行量的限制，多形成单一的、地面为主的个体机动化走廊，主要串联城市居住组团和城市外围的产业组团，起到引导居民出行的作用。100万～300万人口大城市可结合城市功能类型和布局，建设多种类型（地下和高架相结合）的快速路，形成数条个体机动化走廊。

由于个体机动化走廊的特性，城市中心区外围人口规模大、密度高的居住组团多由其串联，并多与城市主要的产业组团相连接，因此主要服务对象也为通勤出行。

3．对慢行走廊的影响

慢行走廊与城市人口规模无关，不同人口规模的城市均可以形成慢行走廊。慢行走廊的形成取决于走廊慢行可达范围内人口、就业岗位的集聚程度，人口和就业岗位密度越高，越宜于形成慢行走廊。

二、城市空间结构

城市空间结构是城市的社会经济结构在土地使用上的空间投影，反映构成城市经济、社会、环境等要素形成的相互关联、相互影响与相互制约关系。空间的功能组合形成功能结构，城市各级中心形成中心体系，城市的用地轮廓形成空间形态。公交走廊的线路布局、主导交通方式选择、走廊等级等方面决定了客流的集散能力，与城市空间结构有着"相互依存、相互反馈"的关系。

1．走廊引导和支撑空间

1）走廊网络引导用地功能结构优化

城市用地的功能结构是城市各项活动的投影，走廊是各类活动集中的廊道，因此走廊的网络布局影响城市用地功能结构的形成与演化。

公交走廊引导商务办公、商贸、居住等功能向沿线集聚，形成主要的职住网络；个体机动化走廊一般布设于组团间隔，在出入口处宜采取适当的强度开发；慢行走廊能够充分引导组团或社区内部日常游憩、购物、文化活动的集聚，形成社区的主要生活廊道；货运走廊引导工业、物流、商贸、港口等功能集聚，形成城市外围的产业发展廊道。如厦门公交走廊BRT一号线，线路串联了中山路、火车站、集美新城等城市级商业中心和机场、高铁站等城市交通枢纽，同时依托站点规划了商务办公中心、文化旅游中心，构成了厦门城市的核心功能发展轴（图4-1）。

2）走廊节点引导中心体系优化

城市中心体系是指由不同主导职能、不同等级规模、不同服务范围的区块中心形成的集合体系，各级中心是城市各类活动的集中区，是城市交通发生的主要区域，走廊主要解决城市客流集中区的通达、集散问题，走廊的枢纽布局、枢纽能级引导中心体系的形成。

在城市旧城区，走廊依托枢纽地区的开发带动走廊周边功能转型升级，强化城市原有核心功能，优化现有中心体系；在新城区，城市依托走廊及枢纽布局城市公共活动中心、金融商务中心、商贸中心、旅游中心等功能，引导新区形成布局合理、有机联系的中心体系。城市整体层面，通过客运走廊、个体机动化走廊等优化核心区外围的交通条件，结合枢纽站点、道口等空间吸引部分功能入驻，疏解核心区功能，推动大城市多中心体系的形成与发展。

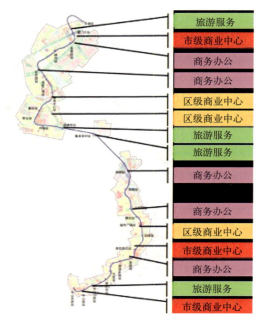

图 4-1　厦门 BRT 沿线各类功能布局

3）走廊布局引导空间形态完善

交通走廊是城市各类活动的集聚区域，通过吸引城市相关功能的集聚，进而改变城市的空间形态。公交走廊为大运量、远距离通勤提供了便利，带动走廊沿线地区的发展，有利于疏解中心城区的相关功能，推动团块状城市向组团状、带状、指状结构转变。个体机动化走廊为快速通勤和组团间的快速联系提供了便利，也可带动出入口地区的发展，因此个体机动化走廊为城市的区域扩张奠定了基础。货运走廊可有机串联城市的工业区，沿线以产业用地为主，推动城市产业带的形成。

2．空间对走廊的反馈

1）走廊布局需与中心体系相匹配

（1）走廊布局需串联主要中心体系

城市各级中心是各类活动密集的区域，交通需求量较大。走廊的布设需考虑与中心体系相匹配，城市的主要中心需有公交走廊联系，公交走廊布局需充分考虑与城市主要的客运中心、商务中心、行政中心、文化中心、商贸中心等的联系。货运走廊需串联主要港口、货运站场、商贸中心等货流中心。

（2）走廊枢纽等级与中心能级相匹配

城市的主次中心是城市各类活动集中区域，单位面积的就业岗位较多，只有发达的公共交通走廊和高等级的枢纽才能有效支撑城市中心的建设。从城市中心体系和交通枢纽的关系上分析，越是公交发达的枢纽，汇聚的交通线路等级越高、线路越多，枢纽所在的中心在城市中的等级也越高。等级越高的城市中心，公交优先的程度也越高，应该通过加大公交供给、停车调控等方式促进中心区的公交优先。目前，国内许多城市开始注重轨道交通建设与城市中心体系构建的融合，一些重要的城市公共中心成为轨道交通换乘的枢纽站，如上海的人民广场、南京的新街口等。以南京为例，新街口、夫子庙片区作为城市的主要中心，已开通地铁 1、2、3 号线共 3 条线路 8 个站点，其中多个站点为换乘枢纽；而作为副中心的奥体新城和南京南站地区分别拥有 2 条线路 5 个站点、3 条线路（含机场线）5 个站点，走廊枢纽有效地支撑了中心区、对外枢纽、公共活动中心的各项活动（表 4－1）。

南京主副中心地铁线路和站点一览表　　　　　　　　　表 4－1

	线路	站点
新街口—夫子庙主要中心	1 号线、2 号线、3 号线	珠江路、新街口、上海路、大行宫、张府园、常府街、夫子庙、三山街
奥体副中心	2 号线、10 号线	奥体中心、元通、奥体东、梦都大街、兴隆大街
南站副中心	1 号线、3 号线、S1 机场线	南京南站、明发广场、双龙大道、宏运大道

2）功能结构影响走廊网络与线路布局

城市功能结构决定了主要客货流的方向、强度、种类等，走廊线路布局需契合相关的功能结构，以充分发挥走廊的骨干交通作用。客运走廊需与城市主要的职住结构相匹配，串联主要的居住区、公共中心、商业中心、高铁片区等功能组团。个体机动化走廊较为集中，以大宗购买、个性消费为主，需串联主要的大型居住区、商贸组团、休闲商业组团等居住与就业空间。货运走廊以大量货流为主，需连接主要工业园区、物流园区、商贸组团等商贸物流空间。慢行走廊与活动半径、宜居环境相关，满足休闲、健身和旅游需求，需与城市居住区、商业区、生活休闲区等相联系，串联片区、组团尺度的各类适宜慢行区域。

3）空间形态影响走廊布局模式

城市空间形态有多种分类，主要可分为团块状形态和组团状形态两大类。团块状形态是指城市空间紧凑集中、城市伸展轴相对较短的全方位发展形态；组团状空间形态是指城市空间相对散布发展，组团单元间功能联系密切，形成一种区域化的城市空间形态。

（1）交通走廊与团块状城市

①公交走廊与团块状城市

团块状城市形态可细分为棋盘式、放射式两种基本路网模式，不同城市形态对应的走廊布局各异。

棋盘式道路体系中，城市街道把街区分割成许多相似的长方形街区，空间分布比较平均，可以向任意方向扩展。在主要道路两侧和交点形成重要的公共中心，公交走廊可形成穿越公共核心的"十字形"布局模式，沿主要道路布置地铁、轻轨或 BRT 等公交走廊线路。方格式轨道线网形态限定城市沿着固定的客运走廊增长，并且发射线的终端在一头集聚将会增强城市中心各种功能的集聚能力，从而形成指形、星形等开敞的空间形态。此类线网结构比较适合有明显的城市中心、规模中等且城市外围区之间联系强度不大的城市。

放射式路网中，公交走廊以城市核心为原点，向城区外围方向布置径向线路。整个线网呈星状或扇形状向外放射，各条线路在城市核心地区相互交叉，形成三角形的网格，线网密度由外向内逐渐增大。放射式公交走廊布局的特点在于城市外围地区向城市中心的可达性高，越接近城市中心，网络密集度与换乘效率越高，能够增强城市核心的吸引力，符合一般城市由边缘地区向中心地区开发强度递增的特点。但其线路和站点密度较高的部分主要集中在城市中心地区，在线路数量较少的情况下与城市外围地区的联系能力较弱。放射式交通走廊结构适合高开发强度的城市中心布局。放射线一般用于疏散中心区过多的人口，而利用放射线将客流引到中心区外围，可降低城市中心区的开发强度，同时疏解中心区的客流。直径线一般用于连接两个交通需求量相当的区域，解决两个区域间的出行需求，如斯德哥尔摩、芝加哥等城市（图4-2）。

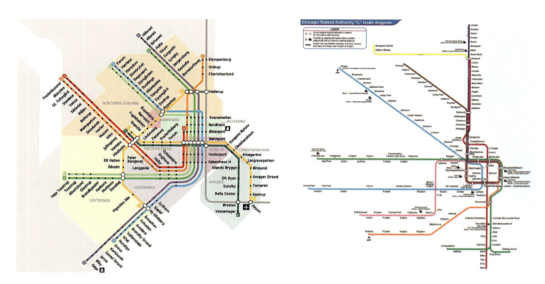

图4-2　斯德哥尔摩（左）和芝加哥（右）地铁线路图

②个体机动化走廊与团块状城市

与公交走廊类似，根据城市路网形态的不同，个体机动化走廊多在核心区外围。在方格网城市中，个体机动化走廊可形成"井"字形布局，有效衔接城市中心区外围的各个居住组团，以及有效组织中心区和外围区的客流交换或职住交换。个体机动化走廊一般不与城市中心区交汇，避免形成不必要的交通拥堵和出行不便；在环形放射状路网体系中，个体机动化走廊可有效引导形成连通公共核心外围居住功能片区的环形或放射状走廊形态，有效衔接团块状城市中心区外围的居住组团，在交通便利、转换便利的节点处可形成特色的、适合于车辆出入的商贸服务中心等。

③货运走廊与团块状城市

团块状城市产业组团多在城市外围布局，货运走廊主要连通产业组团，并有效集疏运，因此货运走廊根据城市路网形态不同，多在中心区或外围区形成"井"字形或环形放射状布局形态。在方格网城市中，货运走廊沿城市外围的工业组团多形成"井"字形布局形态；在环形放射状路网体系城市中，货运走廊可根据城市规模和结构形成环形放射状布局形态。货运走廊布局在城市外围，一方面可减少对城市中心城区的居民生活、休闲、服务的干扰，另一方面提高工业、仓储、物流组团之间的联系，并可提高城市之间、区域之间货物流动的便利程度。

（2）交通走廊与组团状城市

组团状城市可分为多中心组团式和带状组团式形态（表4-2）。

不同城市形态的走廊布局要点　　　　　　　　表4-2

	走廊类型	基本形式	布局原则
团块状城市	公交走廊	棋盘式、放射式	均衡布局、注重中心区的疏解
	个体机动化走廊	井字形、环形放射	衔接中心区、强化节点
	货运走廊	井字形、环形放射	外围布局
组团状城市	公交走廊	带形、复合式	有机串联、网络复合
	个体机动化走廊	带形、自由式	平行串联、自由布局
	货运走廊	带形、环形放射	外围串联、外围放射

①公交走廊与组团状城市

多中心组团式城市中，城市的公共核心与发展轴线对公共活动的吸引力强大，城市空间的向心性和聚集性较强。沿城市发展轴线或布置串联式公交走廊，或在公共核心相交形成放射式公交走廊线网串联各组团。在组团划分明确、由少数几个发展程度较高的主要组团与其他基本组团共同构成的城市中，公交走廊不具有固定的形态，但通常以其中一个主要组团为中心，沿主要道路布置公交走廊连接其他组团，类似放射式线网的特点。以我国香港、新加坡为代表的一些城市采用了这种轨道公交走廊线网形式。在一些组团分隔相对明确的多中心特大城市中，公交走廊根据城市空间形态，在内部采用方格网式或环状放射式布局，在外部则采用放射式线网，形成内外两层的"复合式"交通走廊线网（图4-3）。

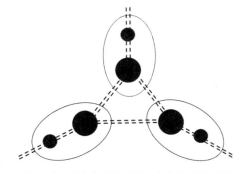

图4-3 多中心组团式公交走廊布局示意图

带状组团式城市中，城市功能布局、空间分布相对明确，公交走廊多以带状中轴为主体，形成单一或复合走廊。公交走廊串联带状城市中心和主要功能组团，串联城市公共服务、商业服务等用地，走廊沿线用地可以相对高强度开发，形成公共服务、商业商贸服务集中的地区，并能形成对城市空间明显的引导和支撑作用。该类公交走廊客流易集聚，以单条BRT、轻轨或地铁串联的效果较为突出。规模不大的带状组团城市，城市中心组团相对明确，其他各个组团功能相对单一，城市多形成一条公交走廊与之匹配，在各组团公交走廊站点周边易形成副中心。城市规模较大的带状组团城市，各个组团功能完善，发育相对成熟，可沿城市主要发展方向形成若干条平行的公交走廊，串联

图 4-4　带状组团式城市公交走廊布局示意图

各城市组团中心（图 4-4）。

　　②个体机动化走廊与组团状城市

　　多中心组团式城市中，个体机动化走廊多在城市主中心外围，根据不同路网形成环状、放射状的走廊形态，联系多个中心、多个组团。多中心组团式城市中的个体机动化走廊也联系各个组团，但是布局位置多在公交走廊外围，联系的用地性质也有一定差别，个体机动化走廊主要串联居住用地和工业用地。多中心组团城市中，个体机动化走廊可能在某些地段与公交走廊局部重合或并列。

　　带状组团式城市中，个体机动化走廊多以沿交通中轴两侧平行布局方式为主，解决城市中心与外围组团、外围组团之间的联系作用。与公交走廊情况类似，规模不大的带状组团式城市，多在公交走廊外围形成一条个体机动化走廊，引导车流快速出行，通过道路转换串联城市活动；在规模较大的带状组团城市，可在外围形成多条平行于公交走廊的个体机动化走廊，以满足组团间的车流交通需求（图 4-5）。

图 4-5　带状组团式个体机动化走廊布局示意图

　　③货运走廊与组团状城市

　　多中心组团式城市中，城市组团可能以单一或主导产业功能为主，或者产业、居住功能相对混合布局，货运走廊则多形成连接产业组团的环形或放射形布局模式。在规模较大的多中心组团式城市，各个组团功能相对混合，货运走廊可有效串联各个城市组团，在各组团外围（多为工业、仓储或物流用地）形成"环形＋放射"的货运走廊形态。在规模不大、各个组团功能相对单一的多中心组团城市中，根据产业用地的分布，可形成单一化的货运走廊。无论是何种形态，货运走廊都应避免穿越多中心组团式城市的中心，避免客货运功能的交叉、混合或干扰（图 4-6）。

　　带状组团城市中，货运走廊布局模式相对单一，根据城市产业布局特点，多形成沿城市交通主轴平行的多条货运廊道，串联带状组团式城市的工业用地、仓储用地和物流

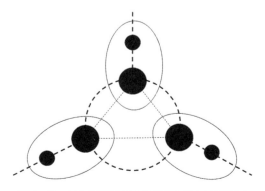

图 4-6　多中心组团式城市货运走廊布局示意图

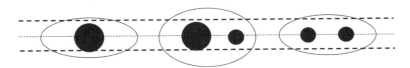

图4-7　带状组团式城市货运走廊布局示意图

用地等，起到有机联系城市货流和使向外运输更加便捷的作用。规模较小的带状组团式城市中，货运走廊数量少，且多布局于城市外围地区，这类城市的货运走廊可能与个体机动化走廊局部或完全重合；规模较大的带状组团式城市，可在城市外围产业组团间，形成多条平行于公交走廊或城市交通主轴的货运走廊，以方便与对外交通线网相联系（图4-7）。

三、景观风貌

景观风貌与城市走廊的关系主要表现为二者之间的协同性。景观风貌可分为点、线、面等不同类型，城市交通走廊需避免对景观风貌造成破坏。景观风貌对交通走廊的影响可体现在网络布局、线形选择、建设形式、站点设计等方面。

1. 公交走廊线路布局与景观风貌

1）走廊布局与景观风貌

走廊应与城市整体景观风貌相协调。具体而言，走廊的布局应避免跨越风貌区，可通过下穿等形式避免对风貌区的破坏；与城市风貌带、风貌片区的距离适中，保证可达性的同时避免对景观风貌的破坏；线路的景观设计、色彩搭配应与主要风貌区形成整体协调的风貌特色。

2）走廊站点设置与景观风貌

走廊的站点需强化与景观风貌要素的一体化设计。站点设计应考虑与景观风貌节点的建筑和广场、绿地等开放空间相结合，增加景观风貌节点的活力。按线路、站点与景观风貌节点的空间关系，可分为边缘扩散型协同模式和融入型协同模式。边缘扩散型协同模式是指线路及站点处于景观节点边缘，通过站点出入口、地下空间等与节点进行联系的方式；融入型协同模式主要是走廊有机融入景观风貌的布局方式，如上海四川北路站、美国好莱坞 Vine 地铁站等，广场绿地空间的作用在于对整体环境的衔接、围合与引导。

2. 个体机动化走廊与景观风貌

1）走廊形式与城市整体风貌

个体机动化走廊通常对景观风貌有一定影响，可通过适当的距离控制、弱化其不利影响，利用合理的空间设计形成展示城市景观风貌的窗口，并避免对传统城市肌理的破坏。一般而言，个体机动化走廊的线路布局需避开重要的景观风貌节点、景观界面和景观斑块，难以避开时需减少走廊对各类景观风貌的割裂效应和环境干扰；针对不同的景观风貌，选用不同的建设形式和因地制宜的免干扰措施。个体机动化走廊的建设可与城市重要界面、节点相结合，通过合理的距离控制与视线控制，形成城市的重要展示廊道

（表4-3）。如大连的跨海大桥充分考虑到与星海广场的空间关系，选取合适的线形和高度，成为观赏星海广场的最佳地点（图4-8）。

个体机动化走廊与不同类型景观风貌的处理措施　　　　　　表4-3

	建设形式	免干扰措施
历史文化类	地下、地面	限速、噪声隔离等
自然景观类	地面为主，必要时可地下	生态隔离带
生态、公园类	地下、高架为主，少量地面	绿化带、灰色空间利用
人文景观类	地面、地下	噪声隔离、灰色空间利用

图4-8　大连星海湾大桥与星海广场空间关系示意

2）走廊尺度影响街道风貌

走廊尺度选择需与街道风貌塑造要求相适应，门户型道路可适当放宽尺度，营造开敞、舒朗的城市形象，生活功能主导的道路尺度可相对较小，并利用尺度对设计速度提出一定的要求，尽量降低噪声干扰；同时，注重两侧用地的慢行联系，避免走廊对城市街道的分隔。

3）弱化走廊对城市的负面影响

个体机动化走廊的负面影响主要在分割城市空间、噪声污染、视线干扰等方面。可通过地下、地面的建设，留出地面空间，避免干扰走廊两侧功能的连续性；通过设置隔声板、采用降噪路面、限制车速、绿化种植等形式减少噪声污染；可通过多样绿化种植、线形优化等方面避免遮挡重要开敞空间的视线。

3．慢行走廊与景观风貌

1）通过型慢行走廊

通过型慢行走廊应注重两侧整体、统一的景观设计，避免因过多的空间变化分散注意力而影响走廊的通过性。同时，注意将慢行走廊与其他快速交通方式进行景观分离，避免相互干扰。

2）休闲型慢行走廊

休闲型慢行走廊的线形设计需充分串联景观节点和特色风貌片区，推动慢行走廊节点建设与城市风貌展示、城市特色活动等相结合，利用走廊形成城市景观风貌的集中展示带。

4．货运走廊与城市景观风貌保护

货运走廊噪声污染和废气污染较大，对城市景观风貌具有明显的负面影响，需避免对城市景观风貌造成破坏，其线路布局应避开重要的景观风貌区，沿线的绿化种类、绿化宽度需满足景观风貌片区的管控要求。

1）系统绿化

货运走廊沿线绿化布局需考虑与城市整体生态廊道构建、景观风貌塑造相适应，货运干道沿线绿化要与整个城市的绿地系统紧密结合，形成城市物资流通的"绿道"，提升城市整体的生态环境。

2）系统安全

城市货运走廊绿化应充分考虑行车安全，道路两旁的植物不能违规阻挡行车视线，要尽量通过植物来阻隔道路两侧的不利影响因素。绿化形式以简洁大方风格为主，又要体现其艺术性，采取丰富的种植形式，避免货运司乘人员的视觉疲劳，保证道路行车的安全。

3）树种配置

中央分隔带绿化树种宜选择低矮且枝叶繁密的常绿灌木，修剪成绿篱或球状形式，高度控制在 1.5～2.0m 之间，或种植主干高的大乔木，以免树枝干扰驾驶员视线，影响行车安全；在树种配植上要以小乔木、低矮灌木、地被合理搭配栽植，形成多层次、变化丰富的道路绿化景观，在美化环境的同时能更有效地防止驾驶员的视觉疲劳，保障行车安全。路侧绿化带，分隔道路与路侧建筑物，以减少车辆噪声、尾气对道路两侧建筑影响为主要目标。

4）合理遮挡

城市货运走廊对路侧建筑物影响较大，合理栽植路侧绿化隔离林带尤为重要。从噪声、废气、灰尘的影响等方面考虑，绿化带宽度不宜小于 20m（单侧），绿化形式应结合道路两侧建筑特点进行布置，沿廊形成变化丰富的绿化景观效果。

四、交通系统

1．发展阶段

1）机动化起步阶段：慢行走廊主导、公交走廊培育

机动车从无到有的初期阶段，会经历一个较长的发展时期。这个时期的机动化水平由国家的经济水平、汽车工业的发展、道路基础设施的建设等因素决定。国际上通常采用 50 辆 / 千人的汽车保有量指标作为这个时期结束的标志。在机动化起步阶段，城市

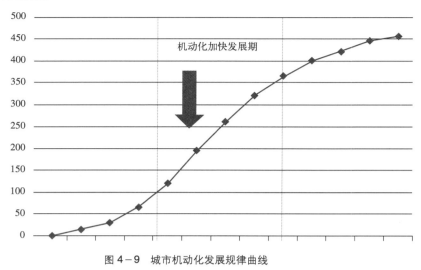

图4-9　城市机动化发展规律曲线

规划管理者对于走廊的规划、控制意识较弱，以自发形成为主。小范围集聚的集市、卖场，摊位一般沿一条道路两侧布置，自发形成了城市慢行走廊；在城市的不同组团之间，主要以一到两条干道联系，由公共交通承担长距离的出行，但是由于在各自组团内基本解决了居民的生活需求，所以组团间联系的客流并不大，公交走廊客流处于培育时期（图4-9）。

2）机动化发展阶段：引导个体机动化走廊构建、公交走廊升级

机动化发展阶段以小汽车、公共交通的快速发展为主要标志。美、日、德等小汽车拥有大国在这个时期内小汽车保有量年增长率一般在10%～20%，目前我国许多城市处于这个阶段。这一阶段的交通供给战略将直接决定城市未来的机动化主导模式，应着眼于长远进行走廊构建及超前引导。从国内外发展历程来看，该阶段通过对道路的升级改造、规划预控，形成了以快速路、交通性主干路为标志的个体机动化走廊；各种大中运量公交形式的出现，为城市公交出行提供了多种形式，大中城市形成了以轨道、BRT等形式为主的公交走廊；在追求快速出行的大背景下，慢行交通主要定位为接驳交通并普遍受到轻视。

3）机动化稳定阶段：客货走廊分离，公交走廊与个体机动化走廊分离，各类走廊协调发展

在机动化快速发展之后，进入机动车增长速度比较平稳、缓慢的时期，但迄今为止尚未出现机动车停止增长或负增长的现象。由于小汽车的拥有和使用与社会的关系非常密切，因此不同国家或地区的城市在这个阶段的小汽车保有量水平各有差异。美国、德国、意大利在千人保有量达到500辆之后的增长速度才开始明显变缓。这一阶段，快速机动化带来的后遗症集中爆发，在城市交通对策方面更多地从交通管理方面部署应对措施，由原来的粗放模式向客货分离、快慢分离等精细化模式转变，慢行交通重新得到重视，形成不同交通方式分离、各种走廊协调发展的交通格局。

2．交通需求

1）需求分类

交通出行需求可分为规律性需求和随机性需求，规律性需求是以工作、上学、回程为主产生的通勤需求，随机性需求一般是由购物、访友、观光、看病等产生的需求。交通设施的供给与交通需求紧密相关，理想情况下，将"集中的大量的出行需求"通过城市交通走廊疏解，有利于城市交通效率的提升和交通秩序的管理。

2）需求分布

交通需求的空间分布及强度直接决定了建设交通走廊的必要性、走廊线位、走廊建设标准（容量）等。公交走廊、慢行走廊应尽量与客流需求的空间分布相重合，直接串联客流的产生、吸引点；个体机动化走廊与货运走廊应考虑避绕城市各级中心，通过走廊线路规划对货车行驶线路进行引导。公交走廊尤其是轨道、BRT等形式的大中运量公交，除了考虑走廊走向，还应考虑对城市发展的引导作用。

3．交通组织

不同类型交通走廊在空间上应根据各自特性及城市用地总体布局进行合理组织，形成层次分明、功能完善、衔接高效、相互匹配的城市交通系统。

公交走廊承担城市轴向上的主要客流运输功能，在城市空间上布局于城市主要发展轴线，保障轴线方向机动性的"快速"，垂直轴线方向相对"慢速"；个体机动化走廊，布局于城市组团边缘和城市外围的拓展轴线，作为组团分界线和郊区化的拓展轴。由于其显著的交通性特征，对两侧空间和用地具有较强的分隔效应；货运交通走廊应遵循客货分流原则，服从城市交通组织安排；慢行交通走廊在城市空间布局上宜分布在城市主要生活区、环境优越的区域，提升出行活动的舒适性，避免与车流走廊相互交织、干扰，以"机非分离、人非协调"的原则，保障慢行活动的安全、连续和便捷。货运走廊一般应与城市生活区布局相互分离，尽量减少货运交通流和客运交通流之间的干扰（表4-4）。

各种类型走廊的特性及布局区位　　　　　　　　　　表4-4

交通走廊类型	性质	沿线用地优先类别	接驳道路	布局区位
公共交通走廊	客流	商业、公共服务、居住等	次支路、街巷	城市发展轴线
个体机动化交通走廊	车流	大型居住区、办公等	主、次干路	组团边缘、城市外围拓展轴
货运交通走廊	车流	工业区等	工业区道路、港口等集疏运道路，对外公路	城市外围工业区、对外交通通道
慢行交通走廊	客流	沿街商业、公园绿地、居住等	支路、街巷、滨水景观路	城市生态景观轴线、城市次要发展轴线

4．交通政策

交通政策影响交通走廊的类型、等级、数量，包括经济调控政策、行政管理政策等，如公交优先政策、交通分区政策、小汽车拥有及使用的约束性政策等。

1）走廊数量

城市内部存在多条客运走廊，公交走廊、小汽车走廊的数量多少和布局选择与交通政策的引导方向息息相关，对于大城市尤其特大城市来说，公交走廊和小汽车走廊都是不可或缺的，而两者的规模如何权衡、运力如何分配，应依据城市综合交通承载能力约束下的交通政策来确定。

2）走廊类型

走廊类型应与城市交通分区的政策导向相一致。对于公交优先发展区，应当选择公交走廊作为客运走廊的建设模式；对于公共交通与小汽车平衡发展区，可考虑中低运量的公共交通廊道与小汽车廊道共建的模式；对于小汽车宽松发展区，选择建设个体机动化走廊；对于慢行友好发展区，则应积极塑造慢行廊道。

五、适用条件

综合考虑以上布局影响，城市交通走廊的适用条件归纳如表4-5所示。

第二节　走廊的空间布局

一、协同布局

1．总体思路

城市交通走廊对于科学引导城市空间发展具有重大意义，走廊空间布局的确定需要进行多角度的考量。本节从定量、定性角度对走廊的选择流程进行介绍，首先通过OD期望线法、廊道效应法确定走廊初始线位；之后根据不同走廊的复合原则进行定性分析，对于不能复合的走廊进行反馈；最终调整得到城市交通走廊线位（图4-10）。

2．布局模型

交通走廊布局模型由两个步骤完成，首先通过OD期望线法初步确定备选走廊线位，然后通过廊道效应法对备选基本段进行集聚度分析，从而确定走廊的最优位置。

1）OD期望线法

城市交通走廊建设的根本目的是为了实现人和物的空间快速移动。OD分布矩阵反映了从一个起点到一个终点的客、货量，个体机动化、公交、慢行和货运对应的不同OD矩阵，按照一定的分布算法，可以得到小区之间联系的蛛网模型，较

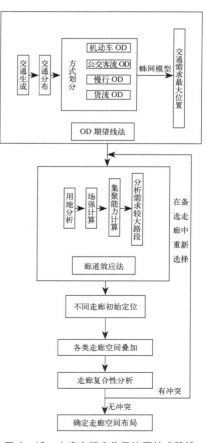

图4-10　走廊空间定位及协同技术路线

表 4-5

各种类型走廊的影响因素和应用条件一览表

走廊类型	适用条件			交通系统			政策
	城市人口规模	空间结构	景观风貌	阶段	需求	组织	
公交走廊	以高峰小时的客流强度走廊主导公交方式选择。150万人及以下以常规公交为主，有机电车等中运量公交系统方式，150万~300万人口可考虑轻轨机等方式；300万以上人口可考虑地铁等大运量方式	团块状城市主要采用棋盘式、放射式布局，疏解核心区客流，组团式城市则多采用带状、串联组团中心	线路方面，与城市风貌带、风貌片区的距离适中，同时避免对景观风貌的破坏；节点方面，强化与景观风貌节点的一体化设计，与景观风貌节点空间相互建筑和广场、绿化等开放空间的活力结合，增加景观风貌节点的吸引力	机动化起步阶段：慢行走廊主导，公交走廊培育；机动化发展阶段：个体机动化走廊与货运走廊作为考虑城市各级走廊构建，通过走廊线路规划避绕城市中心级别；客货走廊升级、机动化稳定阶段：客货分离，公交走廊与个体机动化走廊协调发展	公交、慢行走廊应尽量与客流分布需求的空间分布相符合，直接串联各客流的产生、吸引点，个体机动化走廊应考虑货运与机动化走廊各级，货运走廊应遵循客货分流原则，对货车行驶线路进行引导，公交走廊尤其是BRT等形式的大运量公交，除各类走廊相互运量公交走廊了考虑走廊走向，还应考虑其对城市发展的引导作用	公交走廊承担城市轴向上的主要客流运输功能，个体机动化走廊布局于城市组团边缘和城市外围的拓展轴线，作为组团分界货运走廊各级走廊应遵循客货分流原则，服从城市交通组织安排，减少对生活区的干扰，慢行交通走廊避免与车流走廊相交织、干扰，遵循"机非分离、人非协调"的原则	走廊类型应与城市交通政策导向相一致。对于公交优先发展区，应当选择公交走廊作为客运走廊的建设模式；对于公共交通与小汽车平衡发展区，可考虑中低运量的公共交通走廊；对于小汽车宽松发展区，选择建设个体机动化走廊，对于慢行友好发展区，则应积极塑造慢行廊道
个体机动化走廊	100万人以下城市多形成单一的地面为主的个体机动化走廊，100万~300万人口大城市可建设多种类型（地下和高架相结合）的快速路，形成数条易形个体机动化走廊	团块状城市多以井子形、环形放射式为主，避免穿越核心区，组团状城市多采用平行公交走廊并绕开组团中心	需避开重要的景观节点、景观界面和景观斑块，难以避开时需减少走廊对各类景观风貌的割裂效应和环境干扰，针对不同的景观风貌，选用不同的建设形式和因地制宜的免干扰措施				
慢行走廊	不同人口规模的城市均可以形成慢行走廊。慢行走廊取决于走廊慢行可达范围内人口、就业岗位的集聚程度，人口高架易形成慢行走廊	—	通过型慢行走廊，注重两侧整体、统一的景观设计，避免因过多的空间变化分散注意力而影响走廊的通过性；休闲型慢行走廊，串联景观节点和特色风貌片区，利用走廊塑造成城市景观风貌的集中展示带				
货运走廊	货运走廊与城市产业类型和布局密切相关，与城市人口规模无明显相关性	结合产业区布局在外围，可与个体机动化走廊复合	避免对城市景观风貌造成破坏，避开重要的景观风貌区、沿线的绿化种类、绿化宽度需满足景观风貌片区的管控要求				

为直观地判断出交通走廊的大致方向。

该方法的工作步骤主要分为三步：

第一步：交通生成。其目的是计算各交通小区的出行产生量和吸引量。常用的方法有原单位法、交叉分类法、回归分析法及增长系数法。在国内交通规划工作中，回归分析法使用较多。回归分析法主要是建立出行量与相关因素的函数关系，以此类推预测。实际工作中，建模为多元线性回归，它具有如下形式：

$$Y = a_0 + \sum_{i=1}^{m} a_i x_i$$

式中　　　　　　　　Y——因变量；

　　　　　　　　　　a_0——常数，$a_i(i=1,2,\cdots,m)$ 为参数；

　　$x_i(i=1,2,\cdots,m)$——自变量。

第二步：交通分布。用出行分布模型预测交通起讫点之间交通出行的空间分布状态，包括增长系数法、重力模型等，使用较多的为双约束重力模型（图 4-11），公式如下：

$$q_{ij} = a_i O_i b_j D_j f(d_{ij})$$

其中，$a_i = \left[\sum_j b_j D_j f(d_{ij})\right]^{-1}, b_j = \left[\sum_i a_i O_i f(d_{ij})\right]^{-1}$；

q_{ij} 为交通小区 i 到小区 j 的交通分布量；

O_i 为交通小区 i 的出行产生量；

D_j 为交通小区 j 的出行吸引量；

$f(d_{ij})$ 为交通小区 i 和 j 之间的交通阻抗函数。

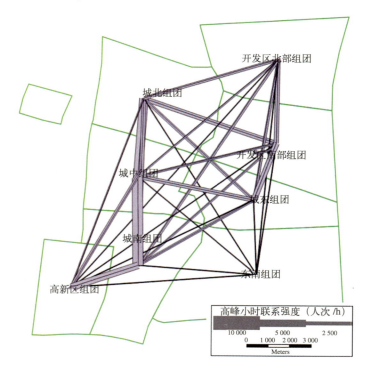

图 4-11　交通分布结果示意

第三步：交通方式划分。这个阶段是对分布矩阵的拆分，对于客流预测，通过这一步，可以得到公交出行、小汽车出行和慢行出行矩阵；对于货运交通，可以得到公路、铁路、水路等货运交通方式矩阵。目前，用于方式划分预测的模型主要为非集计模型。Logit 模型是较常用的非集计模型，公式如下：

$$p_{ij}^k = \frac{\exp(V_{ij}^k)}{\sum\limits_k \exp(V_{ij}^k)}$$

式中　　p_{ij}^k——i、j 小区间第 k 种出行方式的分担率；

　　　　V_{ij}^k——i、j 小区间第 k 种出行方式的效用值。

之后，根据拆分的 OD 矩阵，基于交通规划软件可以较为方便地得到各个小区之间的联系强度示意图（如蛛网模型），从而对于联系强度较大的方向有直观的判断，初步对走廊布局方向进行定位（图4-12）。

2）廊道效应法

交通走廊建设并开通运行后，一定时间内会导致两边一定距离内的空间、用地等发生一系列的变化，经济增长水平、产业结构、土地使用属性、土地价格、房屋价格明显高于周边平均水平，可称之为"廊道效应"。

在通过 OD 期望线法确定走廊的大体方向之后，对于出现多条临近线位比选时，可以进行"廊道效应分析"，以两侧用地在不同线位上的交通需求的集聚强弱，确定最终的线位。

（1）模型选择

考虑到"廊道效应"遵循距离走廊越远、吸引强度越低的特点，可以选择减函数作为基础模型进行修正，以二次函数为例，构建基础模型如下：

图4-12　蛛网模型识别走廊方向示意

$$E(x) = -\alpha x^2 + \beta x + 1$$

其中，x 表示离开走廊的距离；

　　　　$E(x)$ 表示集聚效应即出行分担率；

　　　　α、β 为参数，$\alpha > 0$，两者根据实际调查情况进行标定。

对模型继续修正，在靠近走廊一定范围内，距离 d_0 以内，基本保持一样的出行分担率，设为 a，一般取值 0.85~1.0；在远离走廊一定范围后，超过 d_{max}，基本不选用走廊，设突变点的分担率为 b，一般取值 0~0.15，修正模型如下：

$$E(x) = \begin{cases} a, 0 \leqslant x < d_0 \\ -\alpha x^2 + \beta x + 1, d_0 \leqslant x < d_{max} \\ b, d_{max} \leqslant x \end{cases}$$

其中，参数含义与以上公式保持一致。d_0、d_{max} 为离开走廊的距离，可以通过调查经验获取。函数示意图见图 4-13。

（2）集聚效应计算

在距离走廊为 d 的范围内，分布大量的交通小区，每个交通小区的集聚量（交通生成量）以 $T(y_i)$ 表示：

$$T(y_i) = a_0 + a_i y_i$$

式中　i——小区编号；

y_i——根据实际测算需求，可以是人口、拥车量等；

a——修正参数。

走廊拟选线位的集聚效应（图 4-14）可以用以下公式计算：

$$Q(x,y) = \sum_1^n \int_0^\infty E(x_i) T(y_i) \, dx$$

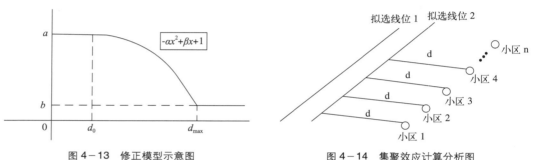

图 4-13　修正模型示意图　　　　　图 4-14　集聚效应计算分析图

根据以上计算的结果，可以选择集聚效应最大的线位作为城市交通走廊线位。廊道效应法在走廊的基本组成段上进行了甄别，与 OD 期望线法组合，可以较为准确地识别走廊线位。

3．协同流程

1）协同目的

走廊协同的主要目的是通过提升走廊运输效率、衔接转换效率等提高城市交通综合运输效率，同时与城市空间相耦合，支撑城市可持续发展。根据不同类型走廊的定义与特征，走廊之间可构成"宜复合""可复合""不可复合"三种关系。一般中等城市多存在个体机动化和公共交通走廊两类走廊，在空间布局重合时，不同走廊之间需要进行协调与反馈。

公交走廊、个体机动化走廊及慢行走廊，本质上都是实现客流的移动，解决客运需求，属于客运走廊的范畴，皆可以进行复合。公交车与小汽车都属于机动化出行方式，两者相互之间呈现竞争关系；慢行交通可以协助促进公交服务的辐射，所以相对于个体机动化走廊，慢行走廊与公交走廊的复合优先级更高。货运走廊由于货车本身的特性，带来的噪声及扬尘对周边环境和行人影响较大，不适宜与慢行走廊、公交走廊进行复合；小汽车使用者交通出行环境相对封闭，受货车影响小，所以个体机动化走廊与货运走廊可以复合（表 4-6）。

不同类型走廊的可复合性矩阵　　　　　表 4－6

		客运走廊			货运走廊
		公共交通走廊	个体机动化走廊	慢行交通走廊	
客运走廊	公共交通走廊	—	可复合	宜复合	不可复合
	个体机动化走廊	可复合	—	可复合	可复合
	慢行交通走廊	宜复合	可复合	—	不可复合
货运走廊		不可复合	可复合	不可复合	—

2）协同方法

通过定量化的方法确定不同类型走廊的初始空间定位后，需要从"走廊体系"的角度对布局进行调整、优化，分为以下三个步骤：

（1）提取廊位：通过走廊布局定位模型，在空间上找出对应的公交走廊、个体机动化走廊、慢行走廊及货运走廊（根据城市具体情况，四种走廊不一定都有）。

（2）布局协调：将提取出来的走廊以城市为载体，进行空间叠加，走廊之间在空间布局上存在冲突时，可以兼容的走廊宜进行复合，不可兼容的走廊则需要进行调整，调整的优先顺序应按照以人为本的原则：慢行走廊、公交走廊、个体机动化走廊、货运走廊，将优先级低的进行反馈调整，可以将按 OD 期望线法得到的次级联系强度作为走廊备选线位。

（3）布局评估：从交通效益、经济效益、社会效益、环境效益等方面对走廊布局进行评估，并根据评估结果进行优化（图 4－15）。

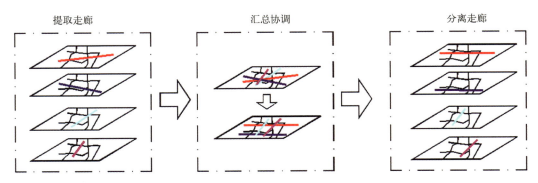

图 4－15　交通走廊协调分析模式示意

二、布局评估

1．总体思路

城市交通走廊是城市重大基础设施，对城市空间、社会经济、交通系统等都产生重要影响。采用前文方法对走廊类型和位置进行判别后，还需要进行交通效益、经济效益、社会效益、环境效益等方面评估以作最终决策。考虑到交通走廊建设决策涉及因素的复杂性，宜采用"评估指标 ＋ 决策模型"的方法对走廊影响进行预评估（图 4－16）。

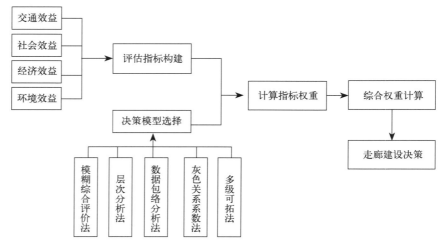

图 4－16　走廊评估决策技术路线

2．评估指标

构建的评价指标应能反映走廊本身及走廊建设带来的影响，不同类别的走廊指标构建不一样，总体可以从交通效益、经济效益、社会效益、环境效益等方面进行效益的综合评价。由于走廊布局评估是一种建设前评估，所以部分建成后指标需要在仿真软件或者经验中获取。

1）交通效益

建设城市交通走廊，最直接的影响是对城市交通的改善，可以选择高峰时间段，车辆运行平均速度、道路平均饱和度、绿色交通方式提升率来反映。

高峰时间平均车速提升率：$C_{11} = \dfrac{\sum\limits_{i} L_i/t_{1i} - \sum\limits_{i} L_i/t_{2i}}{\sum\limits_{i} L_i/t_{1i}} = 1 - \dfrac{\sum\limits_{i} L_i/t_{2i}}{\sum\limits_{i} L_i/t_{1i}}$

高峰时间道路平均饱和度降低率：$C_{12} = 1 - \dfrac{\sum\limits_{i} Q_{2i}}{\sum\limits_{i} Q_{1i}}$

高峰时间绿色交通方式提升率：$C_{13} = 1 - \dfrac{\sum\limits_{j} \eta_{2j}}{\sum\limits_{j} \eta_{1j}}$

式中　C_{11}、C_{12}、C_{13}——分别表示高峰时间平均车速提升率、道路平均饱和度降低率和绿色交通方式提升率；

L_i——抽样样本出行距离；

t_{1i}、t_{2i}——样本在建设走廊前、后的行程时间；

Q_{1i}、Q_{2i}——样本道路在建设走廊前后的流量；

η_{1j}、η_{2j}——走廊建设前后，城市绿色交通出行占比；

i——选择的样本数量；

j——属于绿色交通的出行方式。

2）经济效益

城市交通走廊的经济效益是指项目为城市经济发展及其他方面带来的效益，选择不动产增值效益、土地节约效益作为指标。

不动产增值效益：$C_{21} = (P_2 - P_1)/P_1$

土地节约效益：$C_{22} = \sum_n S_{ln} \cdot M_n - \sum_m S_{tm} \cdot M_m$

式中　C_{21}、C_{22}——分别为城市交通走廊带来的沿线不动产增值效益和土地节约效益；

$\quad\quad P_2$——城市交通走廊影响范围以内的房地产价格增值（元/m²）；

$\quad\quad P_1$——城市交通走廊影响范围以外区域的房地产价格增值（元/m²）；

$\quad\quad S_{ln}$——建设走廊占用的土地；

$\quad\quad M_n$——建设走廊占用土地的单位价值；

$\quad\quad S_{tm}$——达到同样运量建设城市道路占用的土地；

$\quad\quad M_m$——城市道路占用土地的单位价值；

$\quad\quad n$、m——表示不同的基本段。

3）社会效益

城市交通走廊的建设可以有效带动就业、节约出行时间，可按照以下公式进行计算：

就业带动效益：$C_{31} = IV_{gd} \cdot \alpha \cdot GDP_{dqrj}$

出行时间节约效益：$C_{32} = 1 - T_2/T_1$

式中　C_{31}、C_{32}——分别表示城市交通走廊带来的岗位就业效益和城市出行时间节约效益；

$\quad\quad IV_{gd}$——城市交通走廊建设总投资额（万元）；

$\quad\quad GDP_{dqrj}$——地区人均GDP（万元/年），α为统计得到的投资与岗位的经验关系值（岗位/万元）；

$\quad\quad T_1$、T_2——城市在建设走廊前、后的总体出行时间。

4）环境效益

城市交通走廊的建设对于城市交通结构的转变具有较大的作用，可以较大幅度地减少能源消耗、降低尾气排放，构建计算公式如下：

能源节约效益：$C_{41} = T \cdot \sum_i E_i(N_{1i} - N_{2i})$

尾气减排效益：$C_{42} = 1 - P_2/P_1$

式中　C_{41}——能源节约效益；

$\quad\quad T$——总出行人次；

$\quad\quad E_i$——不同交通出行方式对应的能源消耗量；

$\quad\quad N_{1i}$、N_{2i}——走廊建设前后，各种交通方式占比；

$\quad\quad P_1$、P_2——走廊建设前后，机动车尾气排放量。

3．评估模型

对于重大基础设施建设的决策方法众多，包括模糊综合评价法（FDM）、层次分析法（AHP）、数据包络分析法（DEA）、灰色关联系数法、多级可拓法等。各方法的特点如下。

1）模糊综合评价法

模糊综合评价法，又叫模糊决策法（Fuzzy Decision Making），是应用模糊关系合成的原理，从多个因素出发对被候选枢纽方案进行综合判断的一种方法。模糊综合评判决策是对多种因素影响的枢纽方案作出全面评价的一种十分有效的多因素决策方法，对于项目综合评价中大量指标难以定量化的情况，该方法较适用。

2）层次分析法（AHP）

层次分析法（Analytic Hierarchy Process），是在应用数学运筹的基础上对指标进行量化，将影响枢纽布局中的一些定量与定性相混杂的复杂决策问题综合为统一整体后，进行综合分析评价。其分析过程包含"分解—判断—综合"。

3）数据包络分析法（DEA）

数据包络分析法，对同一类型各决策单元（DMU）的相对有效性进行评定、排序，可利用 DEA "投影原理"进一步分析各决策单元非 DEA 有效的原因及其改进方向，为决策者提供重要的管理决策依据。

4）灰色关联系数法

灰色关联系数法，是通过确定各方案指标与相对方案或理想方案指标的类似程度，即分析其关联度以判别确定各方案的优劣。

5）多级可拓法

多级可拓法，是通过待评事物指标量值与经典域内各等级量值间的关联函数，确定相应参评因素可拓权重数值（表 4－7）。

常用评价模型的优缺点分析　　　　　　　　　表 4－7

方法	优点	缺点	适用范围
模糊综合评价法	对多因素进行全面评价的决策十分有效	权重确定时主观性较大	适用于大量指标难以定量化的情况
层次分析法	处理复杂的决策问题较为实用、有效	不适用于候选评价方案数过多的情况	适用于评价方案有限的情况下
数据包络分析法	无须设置权重，无须对指标值作无量纲化处理	对数据很敏感，实际应用时局限性较大，数据统计的较小误差就可能造成较大差异的结果	适用于投入产出分析，指标的初始数据较精确的情况
灰色关联系数法	数据要求较低，工作量较少	需要对各项指标的最优值进行现行确定，主观性过强，部分指标最优值难以确定	适用于最优值可获知的情况
多级可拓法	客观性强，可有效避免主观因素的干扰	计算较为复杂	适合于多指标的综合评价

综合以上比较，本书构建"多级可拓扑评估模型"进行走廊效益评估与决策，包括因素分类、评价物元和权系数的确定、评价指标分析等多个步骤。结合交通衔接系统评价的指标体系分析，拟采用二级指标可拓评价，分别建立一级评价和二级评价模型。

1）经典域和物元

根据评价衡量的因素，将交通衔接设施评价指标因素划分为 n 类，即因素集为 $C = \{C_1, C_2, \cdots, C_n\}$。定义每个因素子集 $C_i = \{C_{i1}, C_{i2}, \cdots, C_{in}\}$。其中，$C_{ik}$ 表示第 i 类因素子集的第 k 个子因素。评价对象的子集赋值即为待评价物元，子集的等级标准即为经典域。

2）确定权重系数

（1）一级指标因素类权重

确定第 i 类因素 C_i 的权重 $a_i (i = 1, 2, \cdots, n)$，并且 a_i 需满足：

$$\sum_{i=1}^{n} a_i = 1$$

（2）二级指标的子因素权重

确定第 i 类因素 C_i 中的第 k 个子因素的权重为 a_{ik}，且 a_{ik} 需满足：

$$\sum_{k=1}^{n_i} a_{ik} = 1$$

采用简单关联函数进行指标权重的确定，具体计算方法如下式所示：

对于具体指标数据 V_{ik}，设

$$r_{ikj}(v_{ik}, V_{ikj}) = \begin{cases} \dfrac{2(v_{ik} - a_{ikj})}{b_{ij} - a_{ij}}, & v_{ik} \leqslant \dfrac{a_{ikj} + b_{ikj}}{2} \\ \dfrac{2(b_{ikj} - v_{ik})}{b_{ikj} - a_{ikj}}, & v_{ik} \geqslant \dfrac{a_{ikj} + b_{ikj}}{2} \end{cases}$$

且 $v_i = V_{ip}$，则：$r_{ij}(v_i, V_{ij\max}) = \underset{j}{\mathrm{Max}}\{r_{ij}(v_i, V_{ij})\}$

其中，如果指标 C_{ik} 的数据落入的级别越大，该指标应赋予越大的权重，则取：

$$r_i = \begin{cases} j_{\max} \times [1 + r_{ij\max}(v_i, V_{ij}) \geqslant -0.5] & r_{ij\max}(v_i, V_{ij}) \geqslant -0.5 \\ j_{\max} \times 0.5 & r_{ij\max}(v_i, V_{ij}) < -0.5 \end{cases}$$

否则，如果指标 C_{ik} 的数据落入的级别越大，该指标应赋予越小的权重，则取：

$$r_{ik} = \begin{cases} (m - j_{\max} + 1) \times [1 + r_{ijj\max}(v_{ik}, V_{ikj})] & r_{ikj\max}(v_{ik}, V_{ikj}) \geqslant -0.5 \\ (m - j_{\max} + 1) \times 0.5 & r_{ikj\max}(v_{ik}, V_{ikj}) < -0.5 \end{cases}$$

于是，指标 C_{ik} 的权重为 $a_{ik} = r_{ik}/\sum_{i=1}^{n} r_{ik}$

同理，令 $r_{ij\max} = \max\{r_{ikj\max}\}$，可计算一级指标 C_i 的权重 a_i。

3）关联函数的计算

（1）二级指标关联度计算

对于每个子系统 C_i 进行一级评价，计算出待评事物 q 对于子系统 C_i 关于等级 j 的关联度：

$$K_{ij}(q) = \sum_{k=1}^{n_i} a_{ik} K_j(V_{ik}) = 1$$

式中　$K_j(v_{ij}) = \begin{cases} \dfrac{\rho(v_{ij}, V_{ij})}{\rho(v_{ij}, V_{ip})\,\rho(v_{ij}, V_{ij})} & x \notin [a_i, b_{ij}] \\ -\rho(v_{ij}, V_{ij}) & x \in [a_{ij}, b_{ij}] \end{cases}$

其中， $\rho(x,<a,b>) = \left| x - \dfrac{a+b}{2} \right| - \dfrac{1}{2}(b-a) = \begin{cases} a - w_{ik} & w_{ik} \leqslant \dfrac{a+b}{2} \\ w_{ik} - b & w_{ik} \geqslant \dfrac{a+b}{2} \end{cases}$

$(i=1,2,\cdots,m; k=1,2,\cdots,n; j=1,2,\cdots,l)$

（2）一级指标关联度计算

计算待评事物 q 关于等级 j 的关联度 $K_j(q) = \sum\limits_{i=1}^{n} a_i K_{ij}(q)$

等级评定。若 $K_{jb}(q) = \max\limits_{j \in \{1,2,\cdots,m\}} K_j(q)$ ，则评定 q 属于等级 j_0 。若对于 C_i 有公式：

$$j^* = \frac{\sum\limits_{i=1}^{m} j \cdot \overline{K_j}(q)}{\sum\limits_{j=1}^{m} \overline{K_j}(q)}$$

其中， $\overline{K_j}(q) = \dfrac{K_j(q) - \min K_j(q)}{\max K_j(q) - \min K_j(q)}$

计算出的级别变量特征值为 j_i^* ，则 $j_i^* = \sum\limits_{i=1}^{n} a_i j_i^*$ 称为 q 的级别变量特征值。例如， $j_0=2$ ， $j^*=2.6$ ，表示 q 属于第二类偏向第三类（严格来说属于 2.6 类），从 j^* 中可看出偏向评价标准哪一侧的程度。

三、布置指引

交通走廊规划设计涉及的要素众多、复杂，国内在交通走廊建设方面虽取得了一定的成绩，但仍然面临系统性考虑不足、走廊作用发挥受限等普遍性问题。在此对国内城市交通走廊较普遍存在的一般性问题进行归纳，同时对走廊的规划理念提出指引（表 4-8）。

当前我国城市交通走廊存在问题及规划理念一览表 表 4-8

	公交走廊	个体机动化走廊	慢行走廊	货运走廊
当前常见问题	1. 两侧用地在功能、开发强度方面对公交走廊的支撑不足，客流偏小； 2. 走廊内居住人口、就业人口不平衡，对通勤客流疏解作用发挥不充分； 3. 走廊内公交线路竞争性大于合作性，喂给系统缺乏统筹性，服务范围受到制约； 4. 部分走廊路权不专用，通行效率优势受限	1. 走廊与两侧路网系统接入不合理，衔接道路节点交通拥堵； 2. 走廊与两侧用地功能不匹配，沿线用地开发强度过高	1. 缺少安全、连续和充裕的路权，收机动化干扰大； 2. 两侧空间与慢行一体化设计不足，建筑界面缺少趣味性； 3. 对慢行环境的塑造重视不足	1. 噪声、扬尘等影响城市环境； 2. 货运交通与城市交通交织，具有安全隐患
规划理念	1. 空间集聚：强化与沿线用地统筹规划，促进集聚发展； 2. 一体化衔接：主导公交方式与接驳交通方式、公交走廊与城市路网高效衔接，一体化配置换乘设施； 3. 精细化设计：提高服务质量，提升设施品质，走廊配套设施精细化、人性化设计	1. 空间引导：引导城市空间结构优化，支撑多中心组团式布局，疏解中心区人口和就业岗位； 2. 双快分离：与城市公交走廊布局相互分离，避免人流通道和车流通道的相互冲突； 3. 内外一体：内部交通与外部交通的快速一体化衔接，实现快进快出	1. 快慢分离：机非分离、人非分离； 2. 用户友好：设施完备、尺度合理； 3. 精细设计：空间怡人、标识完善	1. 用地支撑：走廊自身与走廊影响范围用地良性互动，互相支撑； 2. 客货分离：城市交通与货运交通兼顾，减少相互干扰

第五章 城市公交走廊规划设计

"公交优先"是我国城市交通可持续发展的重要支撑,城市公交走廊则是落实"公交优先"的重要抓手,也是城市交通走廊中最重要的一种类型。公交走廊以少量的占地集聚大量的人口与就业,是城市最主要的窗口地带和心脏地段。在小汽车快速进入百姓家庭、城市交通拥堵越来越严峻的情况下,如何规划、建设公交走廊就显得更加重要和紧迫。从国内外城市实践来看,充分运用好公交走廊,就能有效地组织好城市交通。规划公交走廊就是在规划城市,建设公交走廊就是在建设城市。本章将系统地阐述城市公交走廊规划设计的目标、原则、内容及技术流程。

第一节 总体思路

一、目标

1. 提高交通系统运输效率

利用公交走廊实现城市交通资源的高效配置,提高城市公共交通出行效率、优化出行结构、缓解城市交通拥堵。对于大城市,同等距离利用大中运量公交走廊的出行时耗与不利用公交走廊的出行时耗相比降幅可达到30%以上,中等规模城市,降幅也可达到20%以上。

2. 引导城市功能空间集聚

建设公交走廊有利于形成与公交优先发展相适应的城市空间结构和土地利用模式。沿轴线发展的城市形态结构既有利于城市紧凑集约发展,也有利于公共交通客流吸引和集聚,如哥本哈根、库里蒂巴、新加坡、伦敦等城市的空间结构形态都是基于带形城市的理念形成的。对于大城市,大中运量公交走廊对人口、就业岗位的覆盖率分别可达到60%以上;中等规模城市中运量、一般公交走廊对人口、就业岗位的覆盖率分别可达到40%以上。

3. 促进城市低碳生态发展

利用公交走廊可引导个体化出行向公共交通转移、提高交通运行效率,从而减少交通能源消耗,降低污染物排放量。大城市利用大中运量公交走廊出行与不利用公交走廊出行相比每人每公里出行能耗可降低30%以上,相应交通污染物排放量可降低30%以上;中等规模城市相应能耗可降低20%以上,污染物排放量可降低20%以上。

二、原则

1. 客流适配

公交走廊规划应近、远期相结合,统筹考虑城市发展、经济能力、走廊区位等因素与走廊客流水平、走廊等级相适应，合理选择近期与远期公交走廊内的主导公交方式。

2．用地支撑

公交走廊沿线用地安排应促进增加利用走廊的客流，并方便走廊为客流服务。优先布置商业、公共服务、办公、居住等功能，沿线用地开发强度应与公交走廊提供的交通承载能力和疏解能力相匹配。另外，为了满足多样活动和多元需求，城市公交走廊规划设计必须遵循功能复合与用地混合原则，宏观层面的功能复合指在公交走廊影响范围内，各种功能之间的互相关联和有序整合，尽可能保持整个走廊影响范围内的职住平衡，使得客流沿走廊分布；微观层面的用地混合可以通过水平和垂直两个方向来实现。

3．衔接统筹

公交走廊主导公交方式与接驳交通方式、公交走廊与城市其他交通应形成功能定位明确、分工合理、相互之间衔接高效的格局。尤其应关注构建公交走廊主导的综合、一体的交通系统，统筹解决利用公交走廊主导公交方式的中长距离出行和利用常规公交、自行车、步行等衔接交通方式的短距离出行及其设施配置。

4．精细设计

越来越高的出行体验水平要求公共交通提供高质量、高品质的服务。公交走廊在沿线功能安排、用地布局、衔接交通线路布局、交通市政设施和景观设施布局等方面应注重精细化与人性化。

5．因地制宜

城市公交走廊规划建设应当充分结合城市形态、地形、地质和生态条件，因地制宜地选择合适的建设形式，降低工程造价和对生态环境的负面影响。

三、技术流程

首先，根据城市发展目标、城市交通发展目标提出公交走廊规划设计的目标和原则；其次，根据走廊的区位、沿线用地规划、沿线路网规划情况划定影响区域作为公交走廊的规划设计范围；再次，制定用地系统、交通系统、景观生态系统的协同规划设计方案；最后，通过公交走廊交通容量与用地布局的耦合关系进行定量核算，并对规划设计方案进行反馈优化（图5－1）。

四、规划模型

通过对公交走廊影响范围内的用地进行统筹分析，解析基于可达性的公交走廊节点及周边用地的相互作用机理，分析公交走廊串联节点之间断面流量与公交走廊运能的动态平衡关系，建立公交走廊与沿线用地的耦合模型（图5－2）。

1．模型机理

1）空间吸引效应

公交走廊提高了沿线用地的空间可达性，促进了城市发展轴线地区的空间吸引。由于空间可达性变化对各类用地的影响作用及强度不同，使得各类用地在走廊沿线的不同影响范围内空间吸引强度也不相同。一般而言，公交走廊对居住用地、公建用地吸引作

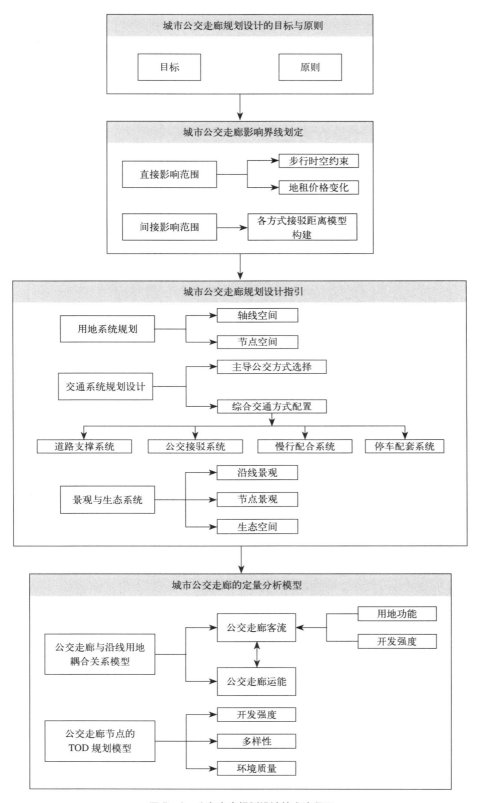

图 5-1 公交走廊规划设计技术流程图

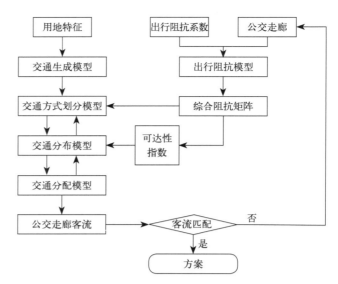

图5-2 公交走廊交通需求与沿线用地耦合技术路线

用明显，对工业用地的吸引作用则比较有限，甚至因公交走廊对小汽车、货车的限制使用而产生排斥作用。

2）空间分异效应

对公交走廊两侧用地，公交走廊沿线的可达性水平以走廊为中心向外递减，进而促使不同性质用地按照区位、价格等特性在公交走廊影响范围内重新安排，从而引起不同性质用地的空间分异。一般而言，在公交走廊两侧由内向外的土地布局顺序宜为：商业/办公→居住用地→工业/仓储等。

2. 模型构建

1）公交走廊交通发生量

公交走廊节点主要考虑居住、公共管理与公共服务设施、商业服务业设施等用地类型，交通发生量主要产生于以上用地，以公交走廊节点为基本分析单元，其交通发生量为：

$$G_n = M_n^r \cdot T^r + M_n^a \cdot T^a + M_n^b \cdot T^b$$
$$= S_n^r \cdot f_n^r \times T^r + S_n^a \cdot f_n^a \cdot T^a + S_n^b \cdot f_n^b \cdot T^b$$

式中 G_n——公交走廊第 n 个节点的交通发生量；

M_n^r、M_n^a、M_n^b——公交走廊第 n 个节点的居住、公共管理与公共服务设施、商业服务业设施的建筑物面积（m^2）；

T^r、T^a、T^b——居住用地、公共管理与公共服务设施用地、商业服务业设施用地的交通发生/吸引率（人次/百 m^2）；

S_n^r、S_n^a、S_n^b——公交走廊第 n 个节点的居住、公共管理与公共服务设施、商业服务业设施的用地面积（m^2）；

f_n^r、f_n^a、f_n^b——公交走廊第 n 个节点的居住用地、公共管理与公共服务设施用地、商业服务业设施用地的容积率。

公交走廊节点内部由于存在居住用地、公共管理与公共服务设施用地、商业服务业设施用地的混合使用，存在节点内部的出行，有助于交通减量。

$$G_n = (M_n^r \cdot T^r + M_n^a \cdot T^a + M_n^b \cdot T^b) \cdot \gamma_n$$
$$= (S_n^r \cdot f_n^r \cdot T^r + S_n^a \cdot f_n^a \cdot T^a + S_n^b \cdot f_n^b \cdot T^b) \cdot \gamma_n$$

式中　γ_n——折减系数，针对第 n 个节点内部不同功能建筑面积的比例进行具体计算。

2）公交走廊交通吸引量

公交走廊是一个开放的系统，其交通吸引范围可能突破其影响范围，以公交走廊节点为基本分析单元，其交通吸引量为：

$$A_n = M_n^r \cdot T^r + M_n^a \cdot T^a + M_n^b \cdot T^b$$
$$= S_n^r \cdot f_n^r \cdot T^r + S_n^a \cdot f_n^a \cdot T^a + S_n^b \cdot f_n^b \cdot T^b$$

式中　A_n——公交走廊第 n 个节点的交通吸引量。

以公交走廊节点为考察对象，其交通发生量可能并不与交通吸引量相等，即 $G_n \neq A_n$；并且当以公交走廊整体为考察对象时，其交通发生量也可能并不与交通吸引量相等，即 $\sum_{n=1,\cdots,N} G_n \neq \sum_{n=1,\cdots,N} A_n$。

3）公交走廊交通方式划分

公交走廊各节点之间交通方式的选择，采用 logit 概率模型：

$$p_{ijm} = \frac{e^{-\theta r_{ijm}}}{\sum\limits_{k} e^{-\theta r_{ijk}}}$$

式中　p_{ijm}——公交走廊节点 i 到节点 j 交通方式 m 的分担率；

　　　θ——参数；

　　　r_{ijm}——公交走廊节点 i 到节点 j 交通方式 m 的交通阻抗；

　　　r_{ijk}——公交走廊节点 i 到节点 j 交通方式 k 的交通阻抗。

交通阻抗用公交走廊节点 i 到节点 j 的广义交通费用 C_{ij} 来表示：

$$C_{ij} = Cost_{ij} + VOT \cdot T_{ij}$$

式中　$Cost_{ij}$——实际发生的费用；

　　　VOT——时间价值；

　　　T_{ij}——感知的旅行时间。

出行者感知的旅行时间 T_{ij} 与实际旅行时间 T_{ij0} 有所区别，假设感知旅行时间与实际旅行时间的关系具有与 BPR 函数类似的形式：

$$T_{ij} = T_{ij0}\left[1 + \alpha\left(\frac{T_{ij0}}{T_c}\right)^{\beta}\right]$$

式中　T_c——时间阈值；

　　　α、β——参数，可参照 BPR 函数取为 0.15 和 4。

$$C_{ij} = Cost_{ij} + VOT \cdot T_{ij0}\left[1 + \alpha\left(\frac{T_{ij0}}{T_c}\right)^{\beta}\right]$$

4）公交走廊的交通空间分布

假设出行者从公交走廊的节点 i 到节点 j 的效用 U_{ij} 是一个随机变量，由确定项 V_{ij}

和随机误差项 ε_{ij} 构成：

$$U_{ij} = V_{ij} + \varepsilon_{ij}$$

出行效用确定项 V_{ij} 主要考虑两部分：一是与出行终点吸引力有关的效用，是出行终点的活动规模 D_j 的函数，函数形式可取为对数函数；一是与出行过程有关的效用，是出行过程中的广义交通费用 C_{ij} 的函数，函数形式可取为对数函数。

$$V_{ij} = \gamma f_1(D_j) - \mu f_2(C_{ij}) = \gamma \ln(D_j) - \mu \ln(C_{ij})$$

假设 ε_{ij} 相互独立并服从参数相同的 Gumbel 分布，则公交走廊从节点 i 到节点 j 的出行概率为：

$$P_{ij} = \frac{\exp V_{ij}}{\sum_j \exp V_{ij}}$$

$\sum_j \exp V_{ij}$ 是出行者从节点 i 出发到达所有可能终点节点的出行效用指数之和，取对数即为从节点 i 出发的最大可能效用，即从节点 i 出发的可达性：$E_i = \ln \sum_j \exp V_{ij} = \ln \sum_j \left(\frac{D_j^{\gamma}}{C_{ij}^{\mu}} \right)$。

对公交走廊从节点 i 到节点 j 的出行概率 P_{ij} 取对数得：

$$\ln P_{ij} = \gamma \ln D_j - \mu \ln C_{ij} - \ln \sum_j \frac{D_j^{\gamma}}{C_{ij}^{\mu}}$$

D_j 和 C_{ij} 可以通过调查得到，参数可以通过标定得到。

从公交走廊节点 i 到节点 j 的出行分布量为：

$$T_{ij} = G_i \cdot P_{ij}$$

式中　G_i——交通走廊节点 i 的交通发生量；

　　　P_{ij}——公交走廊从节点 i 到节点 j 的出行概率。

由此可以得到公交走廊节点之间的出行分布矩阵：

$$\begin{bmatrix} T_{11} & \cdots & \cdots & T_{1n} \\ T_{21} & \cdots & \cdots & T_{2n} \\ \cdots & T_{ij} & T_{i(j+1)} & \cdots \\ T_{n1} & \cdots & \cdots & T_{nn} \end{bmatrix}$$

$\sum_j T_{ij} = G_i$。同样，由于公交走廊是一个开放的系统，其交通吸引范围可能突破其影响范围：$\sum_j T_{ij} \neq A_j$。

5）公交走廊的交通流路径分配

公交走廊从节点 i 到节点 j 利用交通方式 m 的出行分布量为：

$$T_{ijm} = G_i \cdot P_{ij} \cdot p_{ijm}$$

对于主导公交方式 b，从节点 i 到节点 j 利用主导公交方式的出行量为 $T_{ijb} = G_i \cdot P_{ij} \cdot p_{ijb}$。

假设 $i < j$，以节点 j 为例，从节点 $j-1$ 到节点 j 的利用主导公交方式的出行量为 $T_{(j-1 \to j)b} = \sum_{i=1}^{j-1} T_{ijb}$ （图 5-3）。

3. 公交走廊节点的 TOD 规划模型

在公交走廊影响范围内用地统筹分析的基础上，关注不同类型节点的不同功能比

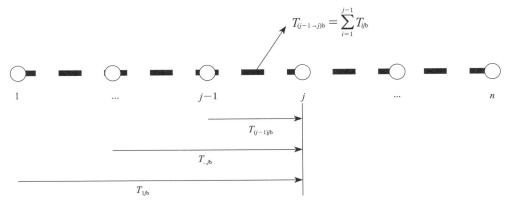

图 5-3 节点相互作用形成断面流量示意图

例，根据 TOD 规划的多重目标，考虑用地强度、多样性、环境质量等方面因素，建立节点 TOD 模型。

1）模型机理

公交走廊沿线节点按类型可以分为中心型节点、居住型节点、交通枢纽型节点和其他类型节点四大类，不同类型节点的主要特征各有明显差异。公交走廊节点的 TOD 规划模型通过建立不同类型节点出行需求与节点用地之间的关系，对用地与交通系统进行优化反馈（表 5-1）。

不同类型节点的出行特征   表 5-1

按类型划分		出行特征
中心型节点	商业功能主导节点	商业功能主导节点是经济活动在空间上高度聚集的区域，并且能够提供大量的就业机会，所以会在工作日形成比较均衡的交通需求，一般无明显高峰；在休息日、节假日会形成客流量较大、持续时间较长、交通活动比较复杂的客流高峰
	办公功能主导节点	办公功能主导节点出行主要为上班、回程等通勤出行，由于其功能和作息时间比较固定，所以其交通需求在时间上也相对稳定，一般会在工作日形成早高峰、晚高峰形式，具有比较明显的潮汐特征，高峰时段客流需求较高，而非高峰时段客流需求较低
	商业办公功能主导节点	商业办公功能主导节点的出行特征兼具商业功能主导节点和办公功能主导节点的出行特征
	商业、办公、住宅均衡型节点	商业、办公、住宅均衡型节点出行包括上班、上学、公务、购物、娱乐休闲、回程等，其出行类型比较多样化，在工作日、休息日和节假日都会形成较大的客流，表现为双峰形式
	公共活动功能主导节点	公共活动功能主导节点的出行主要为上班、上学、娱乐休闲、大型活动演出（运动会、演唱会等）、日常锻炼、看病就医等，其公共活动一般为层次较高的区域级或城市级的活动，并且由于其出行的多样性，在工作日、休息日和节假日都会形成较大的客流，在大型活动演出会形成突发的、持续时间较短的客流高峰
居住型节点	居住功能主导节点	居住功能主导节点的出行主要为上班、上学、回程等通勤出行，其功能和作息时间比较固定，所以其交通需求在时间上也相对稳定，一般会在工作日形成早高峰、晚高峰，具有比较明显的潮汐特征，高峰时段客流需求较高，而非高峰时段也会存在比较频繁的与日常生活相关的弹性出行，会形成一定规模的客流

按类型划分		出行特征
居住型节点	公共活动功能主导节点	与城市型的公共活动功能主导节点的出行特征类似，只是居住型的公共活动功能主导节点的公共活动一般为层次稍低的社区级的活动，在工作日、休息日和节假日都会形成比较均衡的客流，一般不会形成突发的客流高峰
交通枢纽型节点	综合门户交通枢纽节点	综合门户交通枢纽节点客流一般比较密集，特别是在休息日和节假日会形成持续的大客流
	中心型交通枢纽节点	中心型交通枢纽节点一般结合城市中心设置，所以会形成持续的较大客流
	一般交通枢纽节点	产生一般交通枢纽节点客流特征与周边用地特征紧密相关

2）模型建立

（1）目标函数

①目标函数一：体现密度原则，最大化公交走廊客流量。

节点地区的土地开发强度是提高公交走廊客流量的一个关键因素，主要考虑居住用地、公共管理与公共服务设施用地、商业服务业设施用地等三种用地类型。

$$\max Z_1 = \sum_i (S_i^r \cdot f_i^r \cdot T_i^r + S_i^a \cdot f_i^a \cdot T_i^a + S_i^b \cdot f_i^b \cdot T_i^b)$$

式中　S_i^r、S_i^a、S_i^b——第 i 个中类的居住、公共管理与公共服务设施、商业服务业设施的用地面积（百 m^2）；

f_i^r、f_i^a、f_i^b——第 i 个中类的居住用地、公共管理与公共服务设施用地、商业服务业设施用地的容积率；

T_i^r、T_i^a、T_i^b——第 i 个中类的居住用地、公共管理与公共服务设施用地、商业服务业设施用地的交通发生 / 吸引率（人次 / 百 m^2）。

②目标函数二：体现多样性原则，满足本地服务需求，减少出行总量，促进短距离出行。

$$\max Z_2 = \frac{\sum_i (S_i^a \cdot f_i^a + S_i^b \cdot f_i^b)}{\sum_i S_i^r \cdot f_i^r}$$

③目标函数三：体现设计原则，保证节点地区的环境质量。

节点地区的绿地与广场用地可以提高节点地区的环境品质，其所占比例越大表示环境质量越佳。

$$\max Z_3 = \frac{S_i^g}{\sum_i (S_i^r + S_i^a + S_i^b + S_i^g)}$$

式中　S_i^g——第 i 个中类的绿地与广场的用地面积（百 m^2）。

（2）约束条件

①容积率上下限约束

对公交走廊节点主要用地的开发强度进行上下限双约束。

$$f_i^{r'} \leqslant f_i^r \leqslant f_i^{r''}, f_i^{a'} \leqslant f_i^a \leqslant f_i^{a''}, f_i^{b'} \leqslant f_i^b \leqslant f_i^{b''}$$

式中　$f_i^{r''}$、$f_i^{a''}$、$f_i^{b''}$——第 i 个中类的居住用地、公共管理与公共服务设施用地、商业服务业设施用地的容积率上限；

$f_i^{r'}$、$f_i^{a'}$、$f_i^{b'}$——第 i 个中类的居住用地、公共管理与公共服务设施用地、商业服务业设施用地的容积率上限。

②断面流量的约束

主导公交方式的断面最大运输能力 C_b，C_b 与主导公交方式的选择、运行组织等方面有关，为了保障公交走廊的服务质量，由各公交走廊节点相互作用形成的断面动态客流应该受到主导公交方式断面最大运输能力的约束。

$$\sum_{i=1}^{j-1} T_{ijb} \leqslant C_b$$

$$\sum_{i=1}^{j-1} (S_i^r \cdot f_i^r \cdot T_i^r + S_i^a \cdot f_i^a \cdot T_i^a + S_i^b \cdot f_i^b \cdot T_i^b) \cdot P_{ij} \cdot p_{ijb} \leqslant C_b$$

式中　C_b——主导公交方式的断面最大运输能力。

③满足本地服务约束

公交走廊节点内部的公共管理与公共服务设施用地、商业服务业设施用地至少能够满足节点本地居民的服务需求，并且不同类型节点各类功能建筑比例存在一个区间。

$$a\sum_i S_i^r f_i^r \leqslant \sum_i S_i^a f_i^a, k_{al} \leqslant \frac{\sum_i S_i^a f_i^a}{\sum_i (S_i^r \cdot f_i^r + S_i^a \cdot f_i^a + S_i^b \cdot f_i^b)} \leqslant k_{au}$$

$$b\sum_i S_i^r f_i^r \leqslant \sum_i S_i^b f_i^b, k_{bl} \leqslant \frac{\sum_i S_i^b f_i^b}{\sum_i (S_i^r \cdot f_i^r + S_i^a \cdot f_i^a + S_i^b \cdot f_i^b)} \leqslant k_{bu}$$

式中　a、b——比例系数，不同类型节点的比例系数取值不同；

k_{al}、k_{au}——公共管理与公共服务设施建筑面积比例下限和上限，不同类型节点取值不同；

k_{bl}、k_{bu}——商业服务业设施建筑面积比例下限和上限，不同类型节点取值不同。

④用地效率约束

公交走廊影响范围内由于可达性较高，土地价格较高，公交走廊影响范围内应该尽量减少大型绿地广场的建设，所以不同类型节点绿地与广场用地比例存在一个上限。

$$\frac{\sum_i S_i^g}{\sum_i (S_i^r + S_i^a + S_i^b + S_i^g)} \leqslant k_{gu}$$

式中　k_{gu}——绿地与广场用地比例上限，不同类型节点取值不同。

第二节　规划设计指引

一、用地系统规划

1. 影响机制

公交走廊的大容量、高可达的交通服务可以降低出行成本，从而吸引居住、就业功能的集聚，并以公交走廊为节点形成圈层式的 TOD 模式。同时，由于公交走廊可为走廊沿线出行提供快速、可靠的交通服务，居住、就业倾向于在公交走廊内平衡，形成公交走廊导向的职住平衡关系。

2. 轴线空间

1）走廊沿线区域的产居结构优化

产居结构是城市就业与居住之间的相互关系，也是城市空间结构中重要的一部分。公交走廊为长距离的通勤提供了方便，提高了沿线用地的可达性，因此能够带动局部和城市层面产居结构的变化。

（1）公交走廊带动沿线居住和就业集聚。公交走廊通过提高沿线区域的可达性吸引人口向走廊地区集聚，形成就业和居住的集中区。以常州为例，在快速公交沿线 500m 范围内，一号线 B1 覆盖的常住人口数占市中心区常住人口数比重达到 6.8%。覆盖的就业岗位数占市中心城区就业岗位数比重达到 12.4%，而一号线直接覆盖范围面积占中心城区面积（700km^2）比重仅为 3.5%。二号线 B2 覆盖的常住人口数占市中心区常住人口数比重为 7.87%，覆盖的就业岗位数占市中心城区就业岗位数比重为 8%，而二号线直接覆盖范围面积占中心城区面积比重仅为 3.1%。

（2）公交走廊引导沿线产居均衡发展。公交走廊具有运量大、速度快的特点，为沿线居民提供优质的交通服务。因此，只要进入公交走廊就可以获得按时到达目的地的保障，因此居住和就业在走廊内平衡可以最大限度地解决通勤交通问题（图 5-4）。

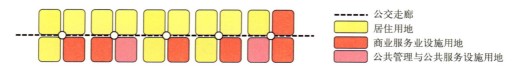

图 5-4　公交走廊沿线就业与居住空间布局示意图

2）沿线形成各个功能集聚区

走廊带来大量客流集散，吸引各类相关要素集聚，强化规模效应。走廊沿线有一定功能和产业基础的区域，通过可达性的提升，其原有优势能够进一步强化，成为专业化的中心，因此在沿线形成了团簇式的多个专业化中心。以美国阿灵顿县的 R-B 走廊为例，R-B 走廊沿线每一个站点都着眼于整个轨道交通网络化的有机联系，有其侧重的功能，如图 5-5 所示。罗斯林（Rosslyn）站侧重于高密度的商业和居住的土地使用；法院（Courthouse）站侧重于政府机构的土地使用；克拉伦登（Clarendon）站侧重于餐饮业和零售业的开发；弗吉尼亚广场（Virginia Square）站侧重于教育机构的土地使用；

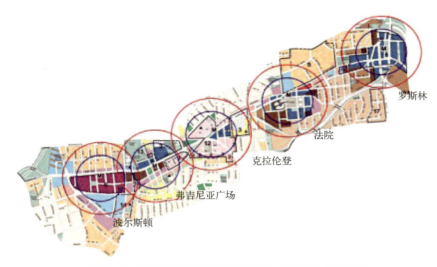

图 5－5　美国阿灵顿 R-B 公交走廊各站点土地混合使用图

波尔斯顿（Ballston）站侧重于高密度的零售业开发。各个站点地区彼此协调，在交通走廊上寻求各种土地使用的平衡和混合。

3. 节点空间

1）节点空间类型

公交走廊节点的能级大小反映了车站的吸纳能力，也反映了车站对客流的集散能力。一般来说，节点能级越高，其交通网络越密集，客流、物流也越密集，车站对周边土地的刺激能力会更为明显，作用的范围也就更大，周边地区也更容易形成密集的城市空间。反之，能级较低的车站周边地区受到站点的影响相对较小，其空间密度强度也随之相对较小。大型枢纽站具有交通优势，易形成服务于全市的城市中心区；而一般换乘站易形成片区的中心。本书从功能、规模因素考虑，将公交走廊站点分为枢纽型站点、中心型站点和一般型站点。

2）用地布局

（1）枢纽型站点

枢纽型站点 500m 范围内，用地构成以交通用地为主导，包括城市道路、轨道交通、公交换乘以及火车站、汽车站等对外交通设施。交通用地所占比例约为 50%，其次为居住用地的 20% 左右，公共设施用地为 15%，主要为交通枢纽的配套服务设施（图 5－6）。

（2）中心型站点

中心型站点 500m 范围内，用地构成以公共设施为主导，公共设施用地占比约 40% ～ 50%；其次为交通用地，所占比例为 20% 左右；居住用地构成约 30%，多为商住混合用地形式。考虑到大量的客流集散，交通用地比例要高于一般型站点，并形成一定的绿地开敞空间。其具体用地构成比例，可以根据中心的功能定位如行政文化中心或商业中心等进行安排（图 5－7）。

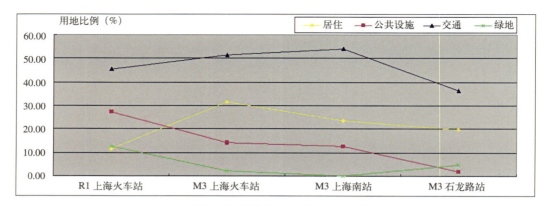

图 5-6　枢纽型站点 0～500m 内用地构成

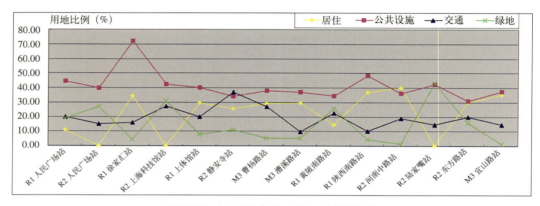

图 5-7　中心型站点 0～500m 内用地构成

（3）一般型站点

一般型站点 500m 范围内，居住用地构成约为 50%～60%；公共设施用地在 20% 以下，交通设施用地（含道路）一般占 10% 左右。一般型站点 500m 服务区范围，从用地规模和功能上类似于城市居住区，按照《城市居住区规划设计规范》GB 50180-1993 居住区用地平衡控制指标要求为：住宅用地，50%～60%；公建用地，15%～25%；道路用地，10%～18%；公共绿地，7.5%～18%。样本数据分析的结果与该标准基本吻合（图 5-8）。

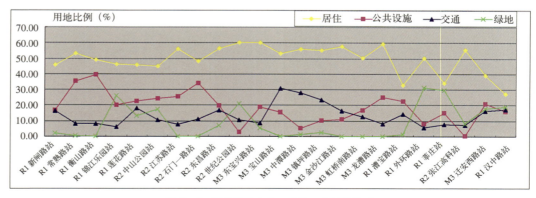

图 5-8　居住型站点 0～500m 内用地构成

3）开发强度

公交走廊形成的基本要素是保证足够的临近站点的人口居住和就业岗位的密度，这意味着临近站点地区的土地开发必须达到一定的强度。公交走廊节点地区土地使用强度的特征就表现为：支持高密度的土地使用，整体开发强度高，围绕站点呈现圈层式梯度递减。

（1）理论模式

①总体开发强度

从理论上可以依据站点地区最低容纳的居住及就业人口，按照人均居住、办公、商业面积，及各类设施建筑配比，推算容积率大小。

轨道交通较为发达城市的数据显示，站点周边的步行距离（500m）内覆盖的居住人口和就业岗位比例很高。如香港轨道站点 500m 半径范围内覆盖了 40% 以上的居住人口和 50% 以上的就业岗位；伦敦和纽约也覆盖了 20% 以上的居住人口和 40% 左右的就业岗位。按照城市总人口和城市轨道交通站点数量测算，以开发强度最高的中心型站点为例，500m 半径范围内居住及就业人口可达 5 万人以上。

假设中心型站点地区各类型建筑配比情况为：办公占 35%；居住占 30%；商业零售占 25%；文化娱乐占 10%。人均设施面积：办公 25m²/ 人；居住 35m²/ 人；商业零售 45m²/ 人；文化娱乐 75m²/ 人。假设中心型站点的总建筑量为 A 万 m²，则 $A \times 35\%/25 + A \times 30\%/35 + A \times 25\%/45 + A \times 10\%/75 = 5$ 万人，得到 $A = 169.71$ 万 m²。站点 500m 半径范围内总用地为 78.5hm²。假设道路占总用地的比例为 25%，则站点地区地块面积为 $78.5 \times （1-25\%）$ hm² $= 58.87$hm²，地块平均容积率为 $168.71/58.87 = 2.88$。

②分区梯度控制

借鉴通常的国际经验，理论上以站点形心为中心的 500m 半径范围内土地使用强度分布的理想模式为：150m 半径范围，为核心控制区，用地功能包括轨道交通站点、公共广场和公共设施用地，提倡较高强度开发，办公与商业以及部分住宅的混合开发，以增加核心区的多样性与活力；150 ~ 300m 半径范围，为一级强度控制区，开发强度次于核心控制区，为中高强度开发，土地使用功能主要为商办和住宅开发；300 ~ 500m 半径范围，二级强度控制区，为中强度开发，土地使用功能主要为居住用地以及配套公建用地。理想模式下，从轨道站点向外，三个控制区的容积率呈现由高到低的梯度排列（图 5-9）。

（2）考虑站点类型的分类控制

理论上，公交走廊站点地区开发强度可以按照理想模式进行控制，但实际上不同站点处于城市不同区位，周边地块开发强度会呈现较大差异。一方面可以根据不同类型站点的特征确定适宜的开发总量规模和总体强度；另一方面，各站点地区在保证公共设施、公共空间以及城市文化、美学、生态等前提下，依据梯度递减的原则进行开发规模分配和强度分级控制。

①枢纽型站点

枢纽型站点地区，站点附近通常有对外交通或大型交通换乘枢纽，外围为配套的商

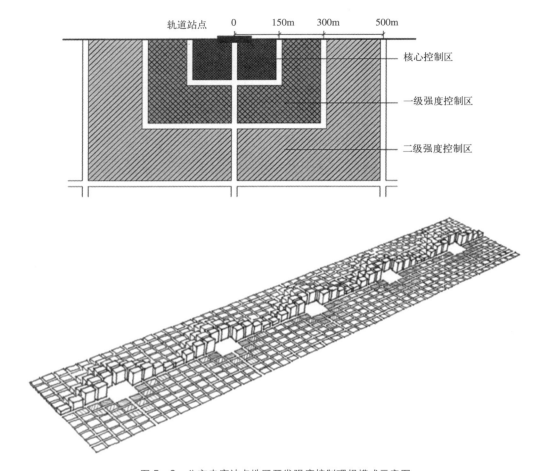

图 5-9 公交走廊站点地区开发强度控制理想模式示意图

业服务设施。紧邻站点的交通设施用地，开发强度相对较低，外围则为中高强度开发。在实践中，很多枢纽型站点作为城市客流集散中心与城市中心结合布置，周边进行以居住、商业和办公为主的高强度开发。

②中心型站点

中心型站点地区，往往为城市各类市级、区级中心，适宜采取最高集约化的土地利用。从日本、我国香港地铁站周围用地性质与最大容积率关系来看，容积率高低和站点所处区位等级有关。站点对应的城市中心功能等级越高，接驳交通设施越完善，容积率也越高。香港城市一级中心站点周边，以商业为主的地块容积率最高可达 10 ~ 15，以住宅为主的地块容积率最高也可达 8 ~ 10（表 5-2）。

③一般型站点

一般型站点地区，类似于传统的居住区，适宜进行以居住和配套性服务设施为主的中强度开发，开发强度控制以站点向外梯度递减。围绕站点的社区中心适宜中高强度开发，容积率建议为 2.0 左右。社区中心外围的居住单元开发强度可以参照普通的多层、高层住宅，容积率建议大于 1.3。不建议站点地区进行低层、低密度住宅开发。

香港城市节点等级与地铁车站周围开发容积率关系　　　表 5-2

用途		C	CDA	CR	R (A)	R (B)	R (C)	R (D)	R (E)
一级商务中心	中环	12~15	10~15	—	8~10	6~8	—	—	—
二级商务中心	尖沙咀	12	—	6~7.5	5		—	—	—
	湾仔	10~12	—	10	8	6~8			
零售商业中心	铜锣湾	—	—	12~15	7.5	5	2		
新市镇中心	荃湾	9.5	9.5/5	7	6~6.5	5	—	9.5/5	9.5
住宅区中心	九龙湾	12	—	6~7.5	5				
中心附近	坚尼地城	5	—	—	—	2.5	1.5	1	

注：CR-5F 以下为商业；R（A）-3F 以下为商业；R（B）-1F 可为商业。9.5/5 表示非住宅／住宅的容积率。

资料来源：陈卫国. 地铁车站周边地块合理开发强度之初探 [J]. 现代城市研究，2006（8）.

二、交通系统规划设计

1. 主导交通方式

公交走廊主导交通方式（主要指各种公交方式）的配置受到内部因素和外部因素的双重影响和制约，内部因素主要包括公交走廊的定位以及各种公交方式的特征，外部因素主要为公交走廊的需求特征、城市人口规模及经济发展水平等。应加强主导公交方式与常规公交的匹配和衔接，构建层级明晰、功能匹配的一体化公交体系。

公交走廊主导交通方式的配置应该遵循以下原则：①交通需求近远结合考虑：主导的公交方式既要满足近期公交客流需求，也要为远期客运需求留下一定的运能空间。②近期实施切实可行：主导的公交方式在实施中必须具有经济、社会、环境等方面的可行性。③空间容量适度超前：主导的公交方式选择应该适度超前，以吸引大量城市居民、商业与公共服务设施向公交走廊沿线聚集，充分发挥其对城市空间演化的引导作用。④远期可持续：当前阶段采用的主导公交方式转换为下一阶段的主导公交方式时，在经济、社会、环境等方面需满足可持续性要求。

总体上，地铁可以作为特大城市和大城市公交系统的骨干，满足主要客运走廊大运量、快速、准时的客流交通需求；轻轨、有轨电车、快速公交等属于中运量公交系统，在大、中城市线网布局中发挥骨干作用，是中心城区各组团间及组团内部的主要客运走廊；常规公共汽车交通对承担骨干作用的中运量公交进行补充和完善，满足中心城区各组团间或各组团区域内部分乘客中短距离出行的交通需求（表 5-3、表 5-4）。

公交体系内部主要公交方式的特性比较　　　表 5-3

	特征	地铁	轻轨	BRT	常规公交
交通特性	速度	快 （≥ 35km/h）	快 （25~35km/h）	较快 （20~30km/h）	中／慢 （15~25km/h）
	运量	大	较大	中	低

	特征	地铁	轻轨	BRT	常规公交
交通特性	运量	A 型车辆：4.5 万～7 万人次/h	1.0 万～3.0 万人次/h	≤1.1 万人次/h	小型公共汽车：≤1 200 人次/h
		B 型车辆：2.5 万～5.0 万人次/h			中型公共汽车：≤2 400 人次/h
		LB 型车辆：2.5 万～4.0 万人次/h			大型公共汽车：≤3 300 人次/h
	站间距	大	大	较大	小
	线路网密度	低	低	中	高
	服务范围覆盖	小	小	较大	大
	时空资源利用率	高	高	较高	中/低
	建设成本	高	较高	中	低
	运营和维护成本	低	中	中	高
	建设周期	长	较长	中	短
	最佳适用范围	中长距离	中长距离	中距离	中短距离
服务特性	可达性	差	差	较差	中/好
	准时性	高	高	较高	中/低
	方便性	差	差	较差	中/好
	可靠性	高	高	较高	中/低
	舒适性	好	好	较好	中/差
	安全性	好	好	较好	较好
	系统灵活性	低	低	较高	高
	公平性	好	好	好	中
环境资源特性	能耗	低	低	较低	中
	环境污染	小	小	中	中/大
系统形象特性	线路识别性	好	好	较好	差
	系统形象	好	好	较好	中
土地利用特性	对土地利用和城市发展的引导作用	好	好	较好	中/差
	土地开发密度	高	高	较高	中/低

注：速度和运量数值取自《城市公共交通分类标准》CJJ/T 114—2007。常规公共汽车的客运能力按照最小发车间隔 2min 测算，平均运行速度 15～25km/h。快速公共汽车系统的客运能力是按发车频率 20 次/h，五车连发所得的数据。现代有轨电车特征参数与 BRT 类似，未单独列出。

公交走廊主导公交方式　　　　　　　　　　　　　　　表 5－4

公交走廊等级	主导公交方式
大运量公交走廊	地铁
	地铁 ＋ 地铁
	地铁 ＋ 轻轨
	地铁 ＋BRT/ 有轨电车
中运量公交走廊	轻轨
	轻轨 ＋BRT/ 有轨电车
	BRT/ 有轨电车
一般公交走廊	BRT/ 有轨电车
	常规公交干线

2．道路支撑系统

1）道路等级与公交走廊的协同

我国城市道路分为快速路、主干路、次干路、支路四个等级。总体而言，公交走廊应避免与快速路和交通性主干路重合，以减少与快速通过性机动车交通的相互干扰；主干路红线宽度能够满足地铁、轻轨等轨道交通以及 BRT 的布设要求，生活性主干路适合各类公交走廊的布置；次干路由于道路红线宽度限制不满足设地铁、轻轨等轨道交通方式以及 BRT 的布设要求，不适合大运量公交走廊、中运量公交走廊的布置，但可建设以一定数量常规公交干线为主导的一般公交走廊，并且可以布设一定数量的常规公交接驳线路；支路仅适合布设一定数量的常规公交接驳线路，也不适合布设公交走廊（图 5－10、表 5－5）。

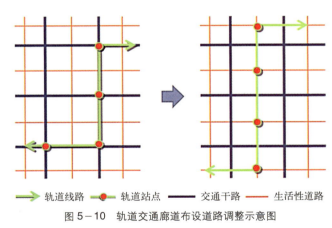

→ 轨道线路　●－ 轨道站点　— 交通干路　— 生活性道路

图 5－10　轨道交通廊道布设道路调整示意图

道路等级与公交走廊的匹配　　　　　　　　　　　　　表 5－5

道路等级	道路与公交走廊关系
快速路	主要满足个体机动化出行，两侧用地开发强度不宜高，公交走廊应避开
主干路	一般穿越组团中心，公交客流大，贯通性好，红线宽度较好，可作为公交走廊的候选
次干路	由于道路宽度限制，不适合作为地铁等对红线宽度要求高的公交走廊，但可作为常规公交走廊的一部分
支路	可以设置公交线路，但不适合用于公交走廊

2）路网形式与公交走廊的协同

典型的道路网形式包括方格式、环形放射式、自由式、混合式、线形、带形、方格环形放射式、"方格 + 对角线式"等，其主要特征如表 5-6 所示。

典型道路网形式主要特征　　　　　　　　表 5-6

道路网形式	示意图	优点	缺点
方格式	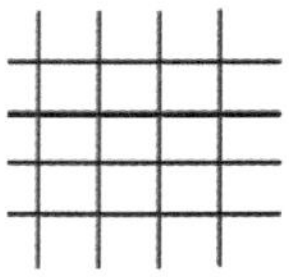	①线形整齐方正，利于建筑布置和方向辨识；②交通流分布相对均衡；③交叉口形式简单，便于交通组织	①城市空间向心性不够；②对角线方向的交通不便
环形放射式	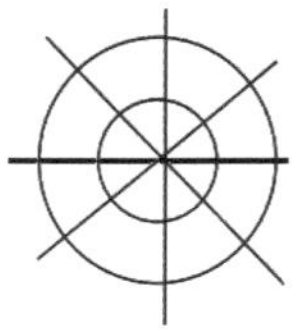	①利于市中心同外围地区的联系；②利于市内相邻地区之间的横向联系	①畸形交叉口多；②向心交通流易造成中心城区交通拥堵
自由式	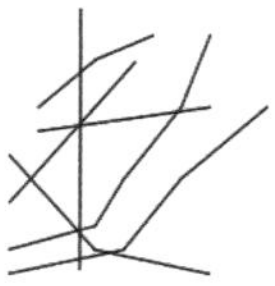	①适应自然地形；②易形成丰富的景观效果	①路线弯曲，不易识别方向；②不规则的街坊多，不利于建筑物的布置；③不规则交叉口较多
混合式	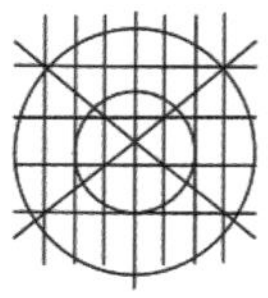	兼有"方格式"和"环形放射式"的优点	不规则地块、交叉口较多
方格环形放射式	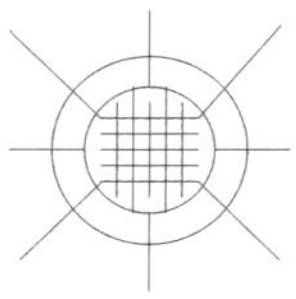	利于屏蔽穿心交通、疏散中心区的交通压力	产生一定量的畸形交叉口
方格 + 对角线式	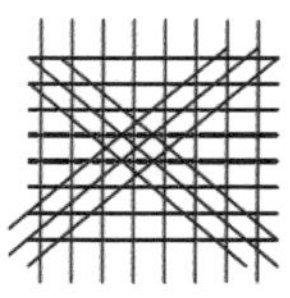	消除了对角线的交通不便，增加了建筑物临街的长度	①交叉口复杂，不便于交通组织；②对角线形成的三角街坊不方便建筑物的布置

　　根据公交走廊特点，选取方格式、环形放射式、"方格 + 对角线式"三种典型的路网形态继续比较，考虑非直线系数、可达性系数和连接度指数三个指标。

（1）非直线系数

$$非直线系数 = \frac{两点间的线路实际距离}{两点间的空间直线距离}$$

（2）可达性系数

可达性系数用来评价各片区到达干路网的便捷程度，一般路网密度越高，可达性系数越大。

$$\alpha = \frac{L}{\sum\limits_{k=1}^{4} d_k}$$

式中　α——干路网可达性系数；

$\quad\quad L$——片区内的干路长度；

$\quad\quad d_k$——片区中心至四周某一方向干路的最短路径。

（3）连接度指数

连接度指数用于衡量路网的成熟程度，连接度指数越高，断头路越少，成网率越高。

$$J = \frac{\sum\limits_{i=1}^{n} m_i}{N} = \frac{2M}{N}$$

式中　J——干路网连接度指数；

$\quad\quad N$——干路网总节点数；

$\quad\quad m_i$——第 i 节点所邻接的边数；

$\quad\quad M$——干路网总边数。

对于一个相同面积的区域，采取相同的密度布局，如图 5－11 所示。

方格式路网在非直线系数与连接度指数方面稍差，而可达性系数较高，通过走廊中心次数最少，走廊中心交通压力最小，即方格式路网虽然

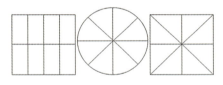

图 5－11　城市路网几何形式的比较

保证了路网的可达性，任何两点间虽能到达对方但需绕行到达；环形放射式路网在可达性系数方面略低于方格式路网，但在走廊中心可达性方面远高于方格式路网；"方格＋对角线式"路网由于增设了对角线方向的干路，加强了走廊中心的区位优势，也改善了方格式路网非直线系数大、连接度指数小等缺点，保证重要点间按最短方向联系。

总体而言，公交走廊沿线区域总体上适宜采用方格式路网布局，在公交走廊的轴线区域可以采用完全的方格式路网布局，在节点区域则可以根据实际需要增加对角线，采用"方格＋对角线式"路网布局，在保证可达性的同时，增加连通度、减少绕行，发挥节点的辐射作用（图 5－12）。

3）道路网密度与公交走廊的协同

公交走廊沿线的合理道路网密度和道路间距随区位条件变化而不同，对于公交走廊的直接影响范围，应采

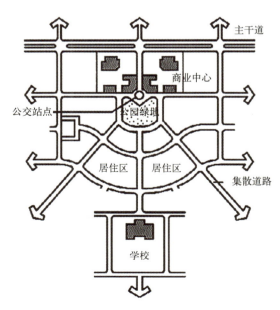

图 5－12　典型的 TOD 节点地区道路布局模式

用适宜步行的地块尺度，即较高的道路网密度和较小的道路间距；随着与公交走廊垂直距离的增加，在间接影响范围，可以采用比直接影响范围稍低的道路网密度。

（1）城市中心区。公交走廊直接影响范围内建议道路间距控制在100～200m，道路网密度达到10～20km/km²，现状复杂难以进行更新改造的地区，应通过打通公共步行通道缩小地块尺度；公交走廊间接影响范围内建议道路间距控制在200～300m，道路网密度达到6.7～10km/km²。

（2）城市外围区。公交走廊直接影响范围内建议道路间距控制在200～300m，道路网密度达到6.7～10km/km²；公交走廊间接影响范围内建议道路间距控制在300～400m，道路网密度达到5～6.7km/km²。支路网密度原则上应达到6～8km/km²以上，支路断面宽度不宜大于20m，并且可以简化道路断面形式。对于超过45m宽的道路，宜分解为两条单向道路来分流机动车交通。总体而言，在公交走廊直接影响范围内应采用高密度路网、小尺度街坊（表5－7、图5－13）。

公交走廊沿线道路网密度与道路间距建议值　　　　　　表5－7

	直接影响范围		间接影响范围	
	道路网密度（km/km²）	道路间距（m）	道路网密度（km/km²）	道路间距（m）
城市中心区	10～20	100～200	6.7～10	200～300
城市外围区	6.7～10	200～300	5～6.7	300～400

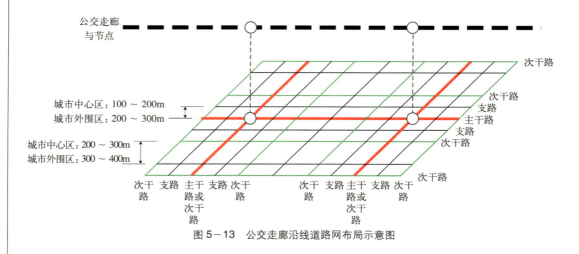

图5－13　公交走廊沿线道路网布局示意图

3．公交接驳系统

1）接驳公交线路优化调整

以公交走廊内主导公交方式为核心，加强公交走廊内外公交线路的衔接，形成层次分明、功能完善的一体化公交系统。公交走廊内外公交线路在换乘方式上尽可能采用同台换乘，不能实现同台换乘的应尽量缩短换乘距离，提高换乘路径的便捷性和舒适度。总体而言，公交走廊与常规公交之间存在四种关系。

（1）强竞争关系

当常规公交主体在公交走廊影响范围之内时，公交走廊与常规公交存在强竞争关系，在公交走廊建成后，为了避免在客流量上常规公交对公交走廊的过度分流，应当取消该类型的常规公交线路，或者降低该类线路的发车频次（图5-14）。

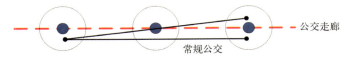

图5-14　公交走廊与常规公交关系一：强竞争关系

（2）竞合关系

当常规公交的部分线路在公交走廊影响范围内时，公交走廊建成后，应分析公交走廊对常规公交的影响程度，对公交线路不同区段分别调整、取消、保留。在局部客流较大的公交走廊某一段上，优化公交走廊沿线地面公交系统，应根据需要适当保留平行于公交走廊的公交线路，以满足不同距离、不同速度的客流需求，实现公交走廊的复合功能；但重叠长度不宜过长，当常规公交线路与公交走廊重复的站点个数达到五个及以上时，一般认为该常规公交线路对公交走廊的影响较大，应予调整甚至取消；当常规公交线路与公交走廊重复的站点个数小于五个时，可认为该常规公交线路对公交走廊的影响较小，可予保留以起分流作用（图5-15）。

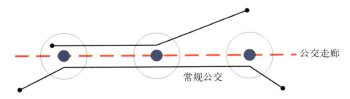

图5-15　公交走廊与常规公交关系二：既有合作关系，又有竞争关系

（3）合作关系，即衔接关系

常规公交的起讫点或中途站点部分在公交走廊的影响范围之内，常规公交线路与公交走廊呈垂直或相交状态，常规公交线路起到为公交走廊集疏客流的作用。当起讫点一端在公交走廊影响范围内时，公交走廊建成后应调整常规公交接驳站点的设置，以与公交走廊的节点相衔接，使之更好地发挥接驳功能。当常规公交线路与公交走廊垂直时，在公交走廊建成后可根据公交走廊节点地区的实际情况进行调整，可在公交线路长度约束条件下适当延长常规公交线路，扩大公交走廊的吸引范围；也可在公交线路非直线系数约束的条件下调整常规公交线路，使其尽可能多地串联客流集散点，为公交走廊接运更多客流（图5-16）。

（4）并存关系

常规公交起讫点、中途站点均不在公交走廊影响范围内，即常规公交整体位于公交走廊的影响范围之外，公交走廊与常规公交之间的合作或竞争关系都不明显。此类常规公交线路在公交走廊建成后一般无需调整（图5-17）。

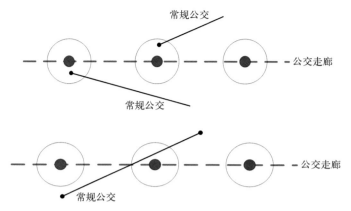

图 5-16　公交走廊与常规公交关系三：合作关系

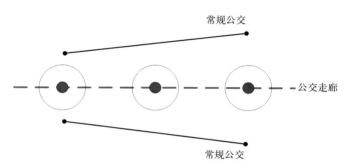

图 5-17　公交走廊与常规公交关系四：既无竞争关系，又无合作关系

2）接驳公交场站设施与线路配置

（1）总体思路

接驳公交场站设施与线路配置的主要思路包括两个方面：运能与客流匹配，即接驳公交线路运能和公交场站容量需要与接驳的公交客流量相匹配，避免运能不足或运能过剩；同时，设置公交接驳线路和场站后还需要保证枢纽地区道路交通的畅通运行。

常规公交接驳线路包括始发线路和途经线路两种。始发线路采用"放射—集中"布局模式，以公交走廊节点为中心成树枝状向外辐射，需要设置公交站场，作为各条线路终点和始发站及客流集散的场所；这种布局模式运输能力较大，乘客换乘方便且步行距离较短，行人线路组织相对简单，对周围道路交通影响较小，但需要设置一定面积的接驳公交场站。途经线路采用"途经—分散"布局模式，接驳公交线路的中途站点分散设置在公交走廊节点附近的道路上，不需要设置用地规模较大的接驳公交场站，但运输能力较小，部分乘客换乘步行距离较长，行人线路组织相对复杂。目前，对这两种常规公交接驳线路一般按照经验进行配置，往往会出现以下情况：如果配置的途经公交线路过多，则会明显增加公交走廊节点地区的道路运行压力，情况严重时会发生拥挤；如果配置的始发线路过多，则需要在公交走廊节点地区设置较多的公交首末站。

本书通过建模分析，根据节点地区常规公交集散客流的实际需求优化配置常规公交接驳线路和场站，能够实现换乘能力的合理匹配，有效解决公交走廊节点地区常规公交客流集散的问题，避免出现运能不足或运能过剩的情况；同时，兼顾道路条件约束，在设置常规公交接驳线路和场站后能够保证枢纽地区道路交通的畅通运行，避免道路拥挤情况的出现。

（2）场站规模计算模型

根据交通调查或交通模型推算确定枢纽常规公交集散客流需求 P_t，初步假设全部采用途经线路作为枢纽地区的常规公交接驳线路，一条常规公交途经线路的运能 [C_t（人次 /h）]：

$$C_t = B_b \cdot J_b \cdot (\eta - \eta_t) \cdot \frac{60}{T_t}$$

式中　B_b——常规公交标准车的额定载客人数（人）；

　　　J_b——其他常规公交车型对常规公交标准车的换算系数；

　　　η——常规公交标准车的极限满载率；

　　　η_t——途经线采用常规公交标准车到达站点时的实际满载率；

　　　T_t——途经线路的发车间隔（min）；

则所需的途经线路条数 [N_t（条）]：

$$N_t = \frac{P_t}{2C_t}$$

式中　P_t——节点地区常规公交集散客流需求（人次 /h）；

　　　C_t——常规公交途经线路的运能（人次 /h）。

假设公交走廊节点地区为一个长度为 L（km），宽度为 W（km）的区域，则节点地区常规公交线路密度 [D_b（km/km^2）]：

$$D_b = \frac{(L + W) \cdot \gamma \cdot N_t}{2S}$$

式中　γ——常规公交接驳线路的非直线系数；

　　　S——枢纽地区的面积（km^2），$S = L \cdot L$。

在节点地区范围内可开行常规公交线路的道路网密度为 D_r，公交线路重复系数为 α；当 $D_b < \alpha D_r$ 时，可以全部采用途经线路作为常规公交接驳线路，所需途经线路条数为 N_t；当 $D_b > \alpha D_r$ 时，如果全部采用途经线路，则公交线路重复系数过高，容易导致道路交通拥挤，需要同时设置始发线路和途经线路作为常规公交接驳线路。

一条常规公交始发线路的运能 [C_o（人次 /h）]：

$$C_o = B_b \cdot J_b \cdot \eta_o \cdot \frac{60}{T_o}$$

式中　η_o——常规公交车始发线路的满载率；

　　　T_o——始发线路的发车间隔（min）。

为了满足节点地区常规公交的集散客流需求，应满足以下条件：

$$C_o \cdot N_o + C_t \cdot N_t \geqslant P_t$$

式中　N_o——始发线路条数（条）。

为了避免常规公交接驳线路的设置造成枢纽地区的道路拥挤，应满足以下条件：

$$\frac{(L+W)\cdot\gamma\cdot N_o}{4S}+\frac{(L+W)\cdot\gamma\cdot N_t}{2S}\leqslant\alpha D_r$$

求取整数解，得到始发线路条数 N_o' 和途经线路条数 N_t'，公交走廊节点地区用地价格较高，一般应尽可能减少公交首末站的设置，尽量使用途经线路进行接驳，在所有可行解中取 $N_o=\min\{N_o'\}$ 和 $N_t=\max\{N_t'\}$ 为最优解，得到节点地区的常规公交接驳线路优化配置方案。

①计算每条始发线路所需的首末站面积 s_o（m²）：

$$s_o=s_b\cdot J_b\cdot\frac{60}{T_o}\cdot\frac{l_b}{v_b}\cdot\beta$$

式中　s_b——每辆公交标准车首末站用地面积（m²）；

　　　l_b——接驳公交线路长度（km）；

　　　v_b——常规公交平均运行速度（km/h）；

　　　β——枢纽内停靠公交车数量占线路配备公交车数量的比例（%）。

②计算每处枢纽接驳公交场站面积 s（m²）：

当 $\dfrac{s_o\cdot m+s_z}{100}-\left[\dfrac{s_o\cdot m+s_z}{100}\right]<0.5$ 时，　$S=\left(\left[\dfrac{s_o\cdot m+s_z}{100}\right]+1\right)\times100$

当 $\dfrac{s_o\cdot m+s_z}{100}-\left[\dfrac{s_o\cdot m+s_z}{100}\right]\geqslant0.5$ 时，　$S=\left[\dfrac{s_o\cdot m+s_z}{100}\right]\times100$

式中　m——不同等级公交枢纽内始发线路条数（条）；

　　　s_z——公交枢纽站房面积（m²）。

③计算公交首末站数量 n_o（个）：

当 $\dfrac{N_o}{m}-\left[\dfrac{N_o}{m}\right]<0.5$ 时，　$n_o=\left[\dfrac{N_o}{m}\right]+1$

当 $\dfrac{N_o}{m}-\left[\dfrac{N_o}{m}\right]\geqslant0.5$ 时，　$n_o=\left[\dfrac{N_o}{m}\right]$

④计算公交中途站数量 n_t（个）：

当 $\dfrac{N_t}{\alpha}-\left[\dfrac{N_t}{\alpha}\right]<0.5$ 时，　$n_t=\left[\dfrac{N_t}{\alpha}\right]+1$

当 $\dfrac{N_t}{\alpha}-\left[\dfrac{N_t}{\alpha}\right]\geqslant0.5$ 时，　$n_t=\left[\dfrac{N_t}{\alpha}\right]$

3）出租车换乘设施设置

出租车换乘设施主要包括出租车候客区（限定车位，允许等待乘客）和临时停靠点（即时停靠，不允许等待）。根据公交走廊的区位特征采取不同的设置策略，城市中心区的公交走廊节点附近不宜设置出租车候客区，在交通组织允许的情况下，可以设置临时停靠点，方便乘客即时上下；城市边缘区和外围区的公交走廊节点附近可以根据客流需求合理设置出租车候客区，并且可以设置临时停靠点。出租车临时停靠点宜布设在临近公交走廊节点出入口的支路上，不宜在主干路上设置，如有特别需要，可在干道辅路上布设港湾式候客区或临时停靠站；在与其他交通流不冲突的情况下，出租车临时停靠点距离出入口宜在50m内，以方便换乘。

4. 慢行配合系统

1）慢行喂给网络

慢行交通网络在为公交走廊提供接驳服务、喂给客流等方面发挥重要作用，慢行交通网络与公交走廊的协同设计可以最大限度地发挥两者相辅相成的作用。公交走廊影响区应优先保障步行、自行车交通的空间品质。以公交走廊节点为中心建立慢行路网和塑造慢行空间，形成慢行核和圈层式步行交通优先区域，促进公交走廊节点与慢行一体化，有利于"公交主导，慢行优先"发展理念的落实。公交走廊节点作为出行者使用公交走廊的起点和终点，应最大程度上实现快慢交通的便捷衔接，从交通方式转变的便捷上实现公交走廊的"快"；慢行核以公交走廊节点为中心，从公交走廊节点到慢行核内的所有功能区都应处于适宜慢行距离的慢行网络内。公交走廊节点与慢行一体化应重视立体化和一体化，特别是在慢行核内结合周边用地开发，充分利用地上、地下空间，可考虑构建地下、高架及与建筑整合的步行系统，形成立体化的步行通道，保证步行交通与机动车交通的通道分离、节点衔接，建立安全、友好、连续的步行路径，创造良好的步行环境。立体化既可以节约土地空间，又能够采用垂直交通来减少换乘距离，优化慢行换乘路线，加快集散速度，从而使换乘服务更加便捷（表5-8）。

不同区位节点的慢行交通系统 表5-8

类别		规划设计要点	
		城市中心区的节点	城市边缘区和外围区的节点
慢行网络	步道	➢ 以公交走廊节点为核心，延伸到外围道路的慢行网络； ➢ 公交走廊节点与商业设施、公共设施、绿地等形成完全步行区域，组织地下步行路径	➢ 加强公交走廊节点与居住区的衔接； ➢ 加强与绿道、街头绿地的联系
	自行车道	➢ 完善的自行车网络，自行车停放设施可结合行道树间隔、人行道、绿化带布置； ➢ 为高效使用停车管理资源，可结合机动车停车场设置	➢ 节点周边道路横断面优化，形成连续的自行车道网络； ➢ 节点和居住小区均设置公共自行车停放设施
慢行设施	道路设施	➢ 节点周边道路断面优化，保持行人、自行车的独立功能空间； ➢ 保证公共通道与公交走廊节点有直接、方便的联系	➢ 以地面慢行道为主； ➢ 节点周边道路断面优化，保持行人的独立功能空间； ➢ 慢行通道内严禁机动化停车
	过街设施	➢ 专用慢行空间和立体慢行系统相结合； ➢ 行人立体过街设施，保障连续、无障碍的步行专用通道	➢ 一般采用平面过街，道路可采用稳静化措施
	节点设施	➢ 将周边建筑的社会功能和慢行通道良好衔接，使慢行道变成人们聚会交流的场所	➢ 为保证自行车行驶的舒适感和连续性，交叉口设置自行车边坡道； ➢ 采用路拱、设置减速缓冲带灯交替稳静化措施
慢行环境	地面铺装	➢ 通过不同的色彩、排列、材料，表现出重点、引导、逗留等多种路面信号	➢ 简单、统一的铺装，满足日常生活要求
	标志、标识	➢ 保证流线的强识别性，吸引车站覆盖范围内的出行者使用轨道交通	

2）自行车停租点配置

公交走廊节点应为自行车提供停车换乘设施，以扩大公交走廊的辐射范围。位于城市中心区的节点，周围地区交通压力较大，并且路面空间和停放空间也比较紧张，一般不提倡紧邻节点在慢行交通通道上布设自行车停车换乘设施，可适当开辟空间提供立体化停车设施。位于城市边缘区和外围区的节点，自行车是公交走廊的有效补充，并且用地空间相对宽松，可以结合节点布设一定规模的自行车停车换乘设施。自行车换乘停车设施的布设包括集中设置和分散停放两种，对于换乘量较大的节点可集中设置路外自行车换乘停车场，且不宜相距太远，在慢行交通通道上设置的自行车换乘停车设施一般应在节点 50 ~ 100m 半径范围内，并尽可能与接驳通道的喂给方向保持一致；在慢行交通廊道上设置的自行车换乘停车场距离公交走廊节点稍远，但也应在距离节点 3 ~ 5min 步行范围内。

自行车换乘停车场所需面积如下式所示：

$$S_b = \frac{P_{bc} \cdot t_b \cdot s_b}{60 \cdot p_b \cdot \beta_b \cdot \alpha_b}\left(\frac{t_b}{60} < 1\right); S_b = \frac{P_{bc} \cdot s_b}{p_b \cdot \beta_b \cdot \alpha_b}\left(\frac{t_b}{60} \geq 1\right)$$

式中 S_b——自行车换乘停车场面积（m^2）；

P_{bc}——高峰小时节点自行车存车换乘的乘客数（人/h）；

t_b——高峰小时每辆自行车的平均停放时间（min）；

s_b——每辆自行车停放所需面积（m^2），一般取 $1.8m^2$/辆；

α_b——自行车换乘停车场的饱和度；

p_b——每辆自行车的平均载客人数（人/辆），一般取 1.0 人/辆；

β_b——存车换乘的自行车数占停放自行车总数的百分比（%）。

公共自行车租赁点应结合公交走廊节点布设，公交走廊内公共自行车租赁点服务半径应控制在 300 ~ 400m 以内，租赁点密度达到 4 ~ 5 个/km^2。

节点公共自行车配车规模：

$$N = \frac{P_b \cdot \delta}{\theta}$$

式中 N——公共自行车配车数（辆）；

P_b——节点地区自行车集散客流需求（人次/h）；

δ——自行车集散客流中采用公共自行车的比例（%）；

θ——公共自行车使用的周转率。

公共自行车租赁点的面积：

$$S_{bz} = N \cdot s_{bz} + S_{bg}$$

式中 S_{bz}——公共自行车租赁点面积（m^2）；

s_{bz}——每辆公共自行车停放所需面积（m^2），由于需要设置停车桩等设施，每辆公共自行车所需面积稍大于每辆普通自行车所需面积，一般取 $2.6m^2$/辆；

S_{bg}——每处公共自行车租赁点的管理设施面积（m^2）。

对于换乘量较大的节点可划分专门的停车区，并适当扩大配车规模；对于用地紧张的站点，可以考虑在路侧、行道树、绿化带等空间分散设置公共自行车租赁点。

5．停车配套系统

1）停车配建指标折减

停车设施包括建筑配建停车设施和公共停车设施。公交走廊节点附近地面小汽车停车场的设置将造成节点与周围具有 TOD 开发潜力的地区的隔离，过多地将小汽车引入会增加公交走廊节点的交通拥堵压力，即使是地下停车场也存在此问题，因此必须重视停车设施与公交走廊进行协同布局和合理组织。美国波特兰颁布的 TOD Zoning Code 规定：以公交站点为中心 75ft（约 30m）半径内不允许设置任何机动车停车位；减少公交站点周围机动车停车设施的规模，并且取消免费停车制度。库里蒂巴在 BRT 走廊上制定了明确的管制措施来制约小汽车停车，规定采用合理的停车对策以减少路面停车，出租汽车必须停靠在出租汽车停靠站，并且被严格地监控和强制执行。《上海市控制性详细规划技术准则》规定：轨道交通站点 300m 服务范围内的住宅建筑，机动车停车配建标准可适当降低，降幅约 20%。

公交走廊影响区应大力落实交通需求管理措施。对于建筑配建停车设施，公交走廊直接影响范围内住宅建筑的停车配建指标应按一定系数进行折减，原则上应对原配建标准作 15% ~ 20% 的折减，容积率越高，折减系数越大。

2）停车换乘设施

合理布局公交走廊范围内的停车换乘系统，有效限制个体机动交通，保证公交主体地位。公交走廊沿线的小汽车停车换乘行为包括存车换乘（Park and Ride，P＋R）和开车接送（Kiss and Ride，K＋R）两种形式。存车换乘不建议在中心区采用，比较适合在城市边缘区或外围区的公交走廊节点，特别是在公交走廊的端点，可以通过存车换乘（P＋R）加强小汽车与公交走廊的换乘，引导出行者换乘公交走廊进入城市中心区，减少小汽车在城市中心区的使用，缓解中心区交通压力。外围站点需设置时，存车换乘停车场宜共用配建或采用社会公共停车场。开车接送可以利用公交走廊内设置的路内公共停车位和出租车停靠站来实现。存车换乘的小汽车换乘停车场面积为：

$$S_c = \frac{P_c \cdot \varphi \cdot t_c \cdot s_c}{60 \cdot p_c \cdot \alpha_c \cdot \beta_c}\left(\frac{t_c}{60} < 1\right); S_c = \frac{P_c \cdot \varphi \cdot s_c}{p_c \cdot \alpha_c \cdot \beta_c}\left(\frac{t_c}{60} \geqslant 1\right)$$

式中　S_c——小汽车换乘停车场所需面积（m²）；

　　　P_c——高峰小时小汽车换乘的乘客数（人）；

　　　φ——高峰小时小汽车换乘中存车换车的比例（%）；

　　　t_c——小汽车的平均停放时间（min）；

　　　s_c——每辆小汽车停放面积（m²）；

　　　α_c——小汽车换乘停车场的饱和度；

　　　p_c——小汽车平均载客人数（人/辆）；

　　　β_c——存车换乘的车辆占停放车辆总数的比例（%）。

服务于开车接送的路内公共停车位的个数为：

$$N_c = \frac{P_c \cdot \phi \cdot t_c}{60 \cdot p_c \cdot \alpha_k}$$

式中　ϕ——高峰小时小汽车换乘中开车接送的比例（%）；

　　　α_k——开车接送停车位的饱和度。

6. 节点出入口设计要点

公交走廊节点出入口的设计范围应扩展到公交走廊节点直接影响范围的核心圈层，

并包括表 5－9 所示设计要点（图 5－18）。

节点出入口设计要点　　　　　　　　　　　　　　表 5－9

类别	要点
衔接	➢ 强化与周边道路、建筑和公共空间的一体化衔接。 ➢ 出入口应优先保障与地面公交等交通设施的便捷换乘
位置	➢ 结合周边支路设置。 ➢ 与周边建筑紧密衔接，节点直接影响范围的核心圈层新建建筑有地下商业功能的，原则上应有出入口直接连通建筑地下空间；在既有建成区新建公交走廊节点时，应通过改造使出入口可以直接连通核心圈层原有的地下商业空间。 ➢ 应尽量设置在地块红线以内，避免占用道路红线内的人行空间
环境协调	➢ 应与公共空间一体化设计，节点与城市功能之间有高架桥、水系等地面障碍时，应延长进出站通道长度，增加出入口跨越障碍，为乘客提供人车分行的舒适环境。 ➢ 应尽量避免与重要景点及客流集中场所过分临近，可结合周边开敞空间、生态绿地酌情设置站前集散广场，引导客流方便、快捷地疏散

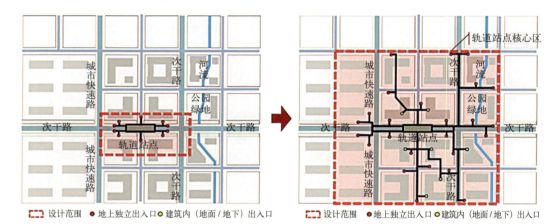

图 5－18　公交走廊节点出入口的设计范围应覆盖直接影响范围的核心圈层

三、景观与生态系统规划设计

1. 沿线景观

1）沿线建筑控制

沿线建筑是公交走廊的乘客视觉触及最多的景观，往往成为视觉焦点，需强化建筑界面、建筑退界及天际线的设计。沿线建筑设计应保持界面的协调性，从形体、线条、色彩、风格等多个方面综合考虑。注重建筑退界处理协调，考虑公交的速度变化控制不同的 D/H，形成视觉空间舒适的断面空间。强化建筑的轮廓线及地标建筑的塑造，形成特色鲜明、富有韵律的沿线建筑景观。

2）沿线绿化、植物配置等

系统的绿化设计将体现沿线绿化景观的特色，成为沿线标志。绿化设计应发挥其对沿线环境的防护功能作用，与沿线交通组织相协调；树木与市政设施相互统筹安排；树种选择适合沿线气候、地理条件；同时，应兼顾观赏性，达到多视角的观赏效果和可识别性；应在统一中体现出层次、色彩、节奏和韵律感，结合走廊线路分区域体现不同风情。

走廊沿线绿化在设计中应注意空间退让的问题，当高大的树木紧邻轨道线时容易遮挡视野范围，同样具有压迫感，尤其在快速行驶的条件下，几乎贴近树干快速晃过，让出行者眼花缭乱。因此，将高大树木留出一定退让距离，有利于车窗外景观有层次地出现：近景——如草地或低矮的灌木丛、中景——高大树木、远景——远处的建筑群或山体。

2．节点景观

1）以广场、建筑、构筑物等形成适合走廊功能的节点空间

节点需要有与客流量、流向相匹配的空间。广场设计需充分考虑客流快速集散需求，以硬地铺装为主，强调无障碍、通透、指向清晰。建筑需结合客流需要，设计骑楼、平台等形式方便客流通行。必要的构筑物需清晰明确，在不妨碍通行的前提下强调舒适、便捷、美观。

2）强化节点开敞性、功能性、生态性的景观效果

节点景观设计需简洁明快，适合客流快速集散和临时的功能需求。公交走廊节点广场的绿化造景也可以是带有导向功能内容的设计手段，它的特点是在活泼环境的同时保持视线的通达和开敞。公交走廊空间设计中，以几何形态的绿化引导视线、人车流边界（图5－19、图5－20）。

图5－19　地铁站点的绿化设计　　　　图5－20　地铁站内的采光设计

3．生态空间

注重廊道及节点生态空间的营造。通过人性化设计，避免公交走廊对沿线功能的干扰，通过沿线各类绿化种植增加生态空间，丰富走廊沿线的生态小环境，并与公园、水系等结合，形成整体的生态系统；在公交走廊站点及出入口周边布置层次丰富的绿化空间，采用盆栽、屋顶绿化等方式形成富有特色的小生态区域；走廊内部通过加强自然通风系统设计、与城市风廊相结合、强化自然采光等形成与城市融为一体的生态系统。

第三节　案例分析

一、宏观案例

以苏州工业园区轨道交通线网与城市空间关系为例，苏州工业园区大中运量骨干公交线网和客运枢纽规划布局如图 5-21 所示。

1. 点——轨道站点与用地布局调整

将园区轨道交通站点分为枢纽型站点、中心型站点、一般型站点三类，对不同类型站点分别采用不同的用地布局调整策略。

1）枢纽型站点

枢纽型站点地区为重要的城市交通枢纽转换节点，是多种交通方式换乘区，以交通功能为主。以沪宁城际园区站为例，此处布置了三个层次的轨道交通线路，在该站点处规划综合交通枢纽。现状该站点 500m 半径范围内除交通场站设施用地和少量居住用地外，绝大部

图 5-21　大中运量骨干公交线网与客运枢纽规划布局图

分为工业用地，这与该站点的区位优势不匹配。规划依托沪宁城际园区站建设城市副中心，在轨道站点 500m 半径范围内，距离站点最近的第一圈层主要布局商业用地，第二圈层主要布局城际轨道站点用地、商务、生产研发用地和绿地等类型；在站点 500m 半径外围主要为居住和公共设施用地等用地类型。规划对站点周边的用地进行了优化，使其与站点交通区位优势更加匹配，但是该站点 500m 半径范围内的绿地和白地仍然占有较高的比例，并且也未能较好地反映土地混合利用的特性，存在进一步优化的空间（图 5-22）。

2）中心型站点

中心型站点地区为城市公共活动中心，商业、办公等公共服务功能集中，有较大客流集散。以城市轨道 2 号线月亮湾站为例，城市轨道 2 号线月亮湾站目前处于开发阶段，除现有的商业、商务和教育用地外，主要为待开发的白地，规划对站点周边用地进行了合理的安排和优化，第一圈层为商业、商务、教育等用地，第二圈层除商业、商务、教育用地外，还安排了一些居住用地，采取了混合用地的做法（图 5-23）。

（a）现状用地　　　　　　　　　　　　　　　（b）规划用地

图5-22　沪宁城际园区站用地布局优化

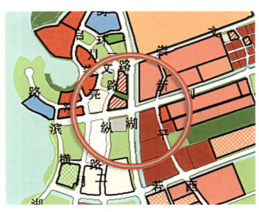

（a）现状用地　　　　　　　　　　　　　　　（b）规划用地

图5-23　城市轨道2号线月亮湾站用地布局优化

3）一般型站点

一般型站点地区为城市居住区，以居住功能为主，包括具有公共服务功能的社区活动中心。以城市轨道8号线车坊站为例，主要通过对站点周边的工业用地改造为商业、居住、公共设施等用地，以形成居住型站点周边合理的用地布局（图5-24）。

2．线——骨干公交线路与客运走廊

1）客运走廊

园区规划"双核多心十字带、六片多区呈异彩"的空间结构。根据空间结构和客流量分布，园区内将形成"一横一纵"主要客运走廊和"三横两纵"次要客运走廊。"一横一纵"主要客运走廊与规划的十字交错的混合布局相协调，即主要客运走廊与城市发展轴之间形成较好的耦合关系。客运走廊与用地功能片区布局如图5-25、图5-26所示，在规划中，一方面考虑不同功能片区构成的组团内部人口、就业适度平衡；另一方

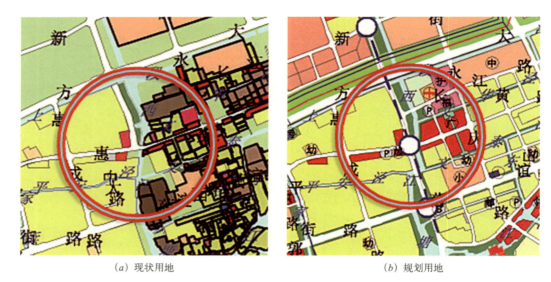

（a）现状用地　　　　　　　　　　（b）规划用地

图 5-24　城市轨道 8 号线车坊站用地布局优化

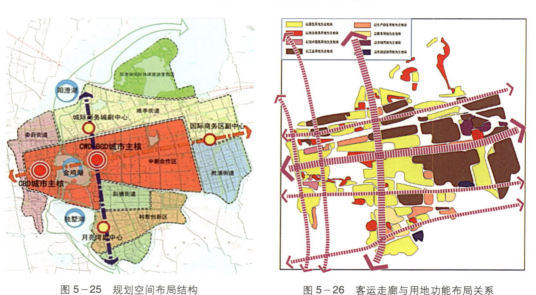

图 5-25　规划空间布局结构　　　　　　　图 5-26　客运走廊与用地功能布局关系

面，通过客运走廊串联不同的功能片区，引导城市用地沿客运走廊布置，实现客运走廊各分段双向的客流均衡。

2）骨干公交线路与用地布局调整

轨道交通沿线的各个站点构成了城市空间扩展的发展轴，形成沿轴线的连续性扩展或是沿轴线的高密度点状扩展，使轨道交通线路成为城市空间形态扩展的轴线。沿轨道线的轴向扩展要求推进轨道带动土地开发的模式，依托轨道交通线路合理布置城市住宅和就业岗位，实现沿轨道交通走廊的职住平衡；并整合沿线的交通设施，引导出行交通向轨道站点聚集（图 5-27）。

以轨道交通 8 号线为例，主要结合轨道站点对湖东 CWD 北部、车坊等区域现状的工业用地调整为居住用地、研发用地等用地，并推进城铁商务区的建设。相比于现状用地，轨道交通8号线走廊范围内公共管理与公共服务用地、商业服务业设施用地、居住用地的比例分别增加了1.8%、3.6%和4.9%，而工业用地比例降低了7.2%，并对现状空地安排了与轨道交通客流相契合的用地类型（图5-28、图5-29）。

从轨道交通线路联系的城市功能节点来看，轨道交通8号线走廊覆盖了跨塘、城铁商务区、湖东CWD、白塘BGD、斜塘、独墅湖科教区、车坊等城市功能节点。轨道交通沿线各类功能节点的协同，在充分挖掘每个节点开发潜能的基础上，将它

图5-27　南北向主要客运走廊与骨干公交的关系

们有机衔接在一起，形成整合优势，能够在较大的范围内发挥规模效应。另外，各类功能节点的混合布局有利于促进轨道交通沿线双向客流的均衡（图5-30、图5-31）。

3）骨干公交线网覆盖用地性质

通过用地布局调整，轨道交通线网覆盖的公共管理与公共服务用地、商业服务业设施用地、居住用地的比例相比于现状分别增加了2.4%、7%和7.2%，而工业用地比例降低了11.3%。从调整的幅度来看，可以获得丰厚回报的轨道交通效应场对商业服务

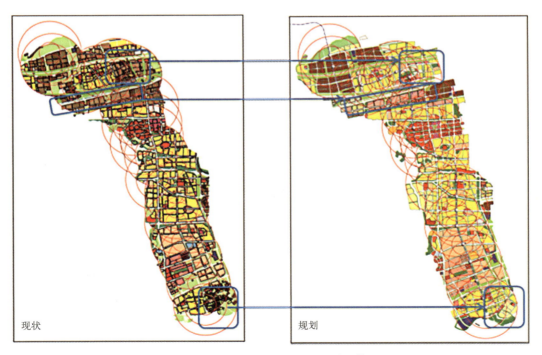

图5-28　轨道交通8号线沿线用地调整

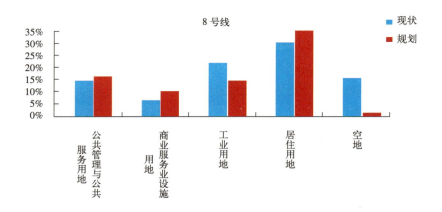

图 5-29　轨道交通 8 号线沿线用地结构

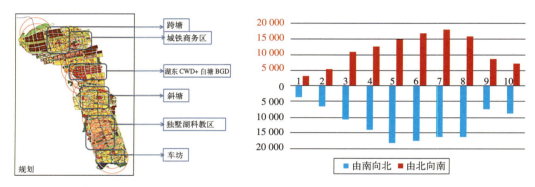

图 5-30　轨道交通 8 号线主要功能节点　　　　图 5-31　轨道交通 8 号线双向客流分布

业设施用地、居住用地表现出更强的吸引力，而对公共管理与公共服务用地的吸引力较弱，同时轨道交通效应场对工业用地有比较明显的排异性，规划用地调整方向与理论分析以及现有成功案例的经验相一致。

从混合土地利用的角度来看，规划轨道交通线网覆盖的公共管理与公共服务用地、商业服务业设施用地、居住用地分别占 10.1%、13.8%、33.5%，这与 TOD 理念更相吻合（图 5-32）。

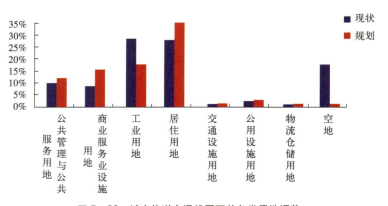

图 5-32　城市轨道交通线网覆盖各类用地调整

4）骨干公交沿线开发强度

通过分析园区骨干公交走廊沿线的开发强度可知，骨干公交站点 500m 半径范围内的开发强度一般在 1.8 ～ 2.0 以上，在 CBD、CWD、BGD 等区域的开发强度更高。而轨道交通站点 1 500m 半径范围内的开发强度基本都在 1.5 以上，总体而言，园区范围内沿骨干公交走廊进行了较高强度的开发，这是对园区现状存在的建设用地增长空间制约、土地利用效率亟需提高等问题的积极改善；也与 TOD 要求的公交导向区域较高强度开发的要求相吻合。

3．面——骨干公交网络与城市空间

1）骨干公交与城市中心体系

骨干公交与城市中心体系的耦合关系如图 5-33 所示。骨干公交串联了城市中心、城市副中心和片区中心三个层次的区块，其中轨道交通线路串联了除青剑湖片区和胜浦片区外所有的片区中心，并且在城市 CBD、CWD+BGD 和国际商务区之间有市域轨道 S1 线和城市轨道交通 1 号线两条轨道交通线路相连；青剑湖和胜浦这两个片区的中心通过中运量公交联系。骨干公交串联城市中心体系中的各层次中心，有利于形成多中心网络化组团的城市空间结构。一方面，轨道交通能够保持城市 CBD、CWD+BGD 的核心地位；另一方面可以促进城际站城市副中心、国际商务区城市副中心、月亮湾地区城市副中心的建设，适当分散城市中心的功能，减少城市中心的压力。为了支撑城市中心体系，在不同等级中心分别规划布局不同类型的客运枢纽，以实现客运枢纽与城市中心体系的耦合。

图 5-33　骨干公交与城市中心体系的关系

2）骨干公交覆盖人口和就业岗位

娄江快速路—星华街—独墅湖大道—东环快速路围合的城市中心区域内轨道交通站点 500m 半径覆盖了 77% 的居住人口和 72% 的就业岗位。通过与香港、新加坡、北京等城市规划轨道站点对人口和就业岗位覆盖率的对比分析可知，苏州工业园区的规划服务目标较高（表 5-10）。城市轨道覆盖了较高比例的居住人口和就业岗位，有利于发挥轨道交通的骨干作用，特别是为通勤交通提供重要的支撑。

轨道站点覆盖人口和就业岗位与国内外典型城市的比较　　　表 5－10

轨道站点 500m 半径覆盖	香港		新加坡	北京	苏州工业园区
	2007 年	目标：2016 年	目标：2030 年	目标：2020 年	城市中心区域，目标：2030 年
人口	40%	70%	80% 的家庭	居住密集区：60%（750m）	77%
就业岗位	新界：78% 的就业岗位集中在 8 个位于地铁站附近的就业中心内	80%	—	就业岗位密集区：60%（750m）	72%

3）骨干公交与居住用地布局

园区规划骨干公交方式线路 1 500m 半径覆盖了约 97% 的城市居住人口，骨干公交方式未能覆盖的居住组团的总人口约为 3 万～ 5 万人。一方面，骨干公交对居住组团的广泛覆盖有利于提高公交可达性，促使居民出行优先选择公交；另一方面，骨干公交对居住组团的广泛覆盖也将为骨干公交提供稳定的客流保障，有利于实现骨干公交与土地利用的互动双赢（图 5－34）。

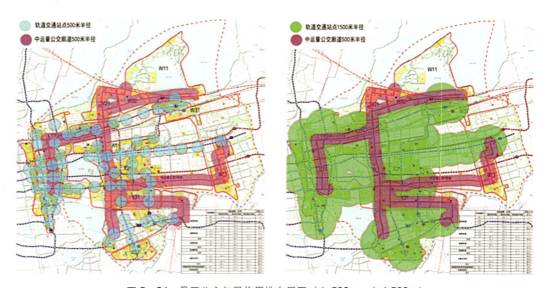

图 5－34　骨干公交与居住用地布局图（左 500m，右 1 500m）

二、中微观案例

1. 概况

中央行政商务文化区规划于苏州工业园区中轴线上，总用地面积 489hm^2，分为中央商务区（CBD）、中央商业文化区（CWD）和行政公共服务区（APD）三大功能片区。轨道交通 1 号线由苏州工业园区中轴线穿过，在 CBD、CWD 和 APD 三个区域共设有 9 处轨道交通站点，分别为东环路、中央公园、星海广场、东方之门、文化博览中心站、时代广场、星湖街、南施街、星塘街和钟南街站（图 5－35）。

图 5−35　苏州工业园区轨道交通 1 号线站点图

2．空间组织

园区段的空间组织呈现出明显的"廊道 ＋ 核心 ＋ 节点"的模式。1 号线与城市发展主轴线重合，因此其廊道空间特征明显，两侧用地高度集约发展，集聚了大量的商务、商业、文化等用地，形成了沿 1 号线的城市空间发展走廊。同时，1 号线在部分站点地区形成了以站点为中心的核心发展区，吸引了大量相关企业入驻，形成了特色鲜明的功能性站点。外围部分节点以居住功能为主，围绕站点布局有部分商业设施，形成了社区的中心节点（图 5−36）。

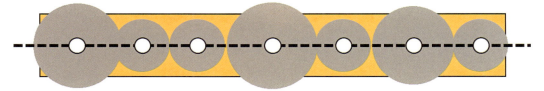

图 5−36　轨道交通 1 号线园区段空间组织模式

3．用地布局

轨道交通沿线 1 200m 宽走廊范围覆盖用地总面积 854.41hm²。其中，商业服务业设施用地 157.42hm²，占 18.42%；居住用地 156.74hm²，占 18.34%；公共管理与公共服务用地 94.53hm²，占 11.06%；商业居住混合用地 7.08hm²，占 0.83%；这几类用地总比例为 48.66%。总体而言，轨道交通走廊用地类型与轨道交通带来的区位优势相符合（图 5−37）。

图 5−37　苏州轨道交通 1 号线沿线土地利用现状（2015 年）

4．开发强度

规划总开发量1 449万 m²。其中，居住511万 m²，占35.27%；商业、娱乐436万 m²，占30.09%；商务、行政办公431万 m²，占29.74%；教育、医疗卫生等71万 m²，占4.9%。总体而言，轨道交通走廊用地进行了较高强度的居住、商业、商务、办公等性质的开发，将会带来大量的客流（表5－11、图5－38）。

各类用地总建筑面积统计表（万 m²）　　　　　　　　表5－11

	居住	商业、娱乐	商务、行政办公	教育、医疗卫生等	总计
已建	474	266	219	69	1 028
整体	511	436	431	71	1 449

图5－38　轨道交通走廊范围土地开发强度

5．公交接驳设施配置

苏州工业园区湖西CBD包括地铁1号线、3号线、7号线三条地铁线，在CBD范围内共有3个地铁站点：中央公园站（地铁1号线、地铁7号线）、星海街站（地铁1号线）、星港街站（地铁1号线、地铁3号线）；根据交通模型推算得到晚高峰湖西CBD地区3个节点常规公交集散客流总需求为2.38万人次/h，其中产生2.02万人次/h，吸引0.36万人次/h，晚高峰需要重点解决客流疏散问题，则常规公交集散客流需求P_t为2.02万人次/h。

常规公交途经线路的运能 [C_t（人次/h）]：

$$C_t = B_b \cdot J_b \cdot (\eta - \eta_t) \cdot \frac{60}{T_t} = 70 \times 1.0 \times (1.0 - 0.6) \times \frac{60}{10} \text{人次/h} = 168 \text{人次/h}$$

所需的途经线路条数 [N_t（条）]：

$$N_t = \frac{P_t}{2C_t} = \frac{20\,200}{2 \times 168} \text{条} = 60 \text{条}$$

节点地区常规公交线路密度 [D_b（km/km²）]：

$$D_b = \frac{(L + W) \cdot \gamma \cdot N_t}{2S} = \frac{(1.9 + 0.5) \times 1.2 \times 60}{2 \times 1.9 \times 0.5} \text{km/km}^2 = 90.9 \text{km/km}^2$$

在苏州工业园区湖西CBD可开行常规公交接驳线路的道路网密度D_r为8.63km/km²；$D_b > \alpha D_r$，需要同时设置始发线路和途经线路作为常规公交接驳线路。

常规公交始发线路的运能 [C_o（人次/h）]：

$$C_o = B_b \cdot J_b \cdot \eta_o \cdot \frac{60}{T_o} = 70 \times 1.0 \times 0.8 \times \frac{60}{5} \text{人次／h} = 672 \text{人次／h}$$

节点地区常规公交接驳线路的总运能与常规公交集散客流需求匹配：

$$672 \times N_o + 2 \times 168 \times N_t \geqslant 20\,200$$

为了避免常规公交接驳线路的设置造成枢纽地区的道路拥挤：

$$\frac{(1.9 + 0.5) \times 1.2 \times N_o}{4 \times 1.9 \times 0.5} + \frac{(1.9 + 0.5) \times 1.2 \times N_t}{2 \times 1.9 \times 0.5} \leqslant 4 \times 8.63$$

求解得到始发线路条数 $N_o = 25$ 条，途经线路条数 $N_t = 10$ 条。

每条始发线路所需的首末站面积 $[s_o\ (\text{m}^2)]$：

$$s_o = s_b \cdot J_b \cdot \frac{60}{T_o} \cdot \frac{l_b}{v_b} \cdot \beta = 200 \times 1.0 \times \frac{60}{5} \times \frac{12}{15} \times 30\%\text{m}^2 = 432\text{m}^2$$

每处枢纽接驳公交场站面积 $[s\ (\text{m}^2)]$：

$$s = \left[\frac{s_o \cdot m + s_z}{100}\right] \times 100 = \left[\frac{432 \times 4 + 35}{100}\right] \times 100\text{m}^2 = 1800\text{m}^2$$

公交首末站数量 $[n_o\ (\text{个})]$：

$$n_o = \left[\frac{N_o}{m}\right] + 1 = \left(\left[\frac{25}{4}\right] + 1\right)\text{个} = 7 \text{个}$$

公交中途站数量 $[n_t\ (\text{个})]$：

$$n_t = \left(\left[\frac{10}{4}\right] + 1\right)\text{个} = 3 \text{个}$$

需要在苏州工业园区湖西 CBD 的 3 个公交走廊节点地区设置 7 个公交首末站，每处首末站面积为 1\,800m²，设置 3 处中途站。

6．其他交通设施配置

以星明街站为例。

1）交通设施现状

星明街站有 5 个出入口；轨道站点周边有 8 个公交车站，其中 2 个公交站与轨道出入口直接换乘，现状站台 7.5m；中央公园西侧设置地面非机动车停车泊位约 100 个（图 5-39）。

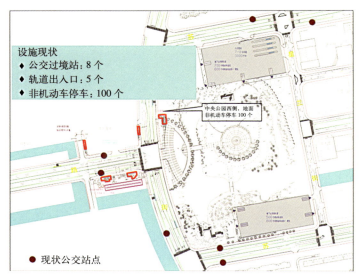

图 5-39　星明街站交通设施现状

2）功能定位及设施需求

星明街站定位为园区二级枢纽，衔接设施优先级别为：步行＞公交设施＞非机动车设施＞出租车设施（表5-12、表5-13）。

星明街站功能定位   表5-12

站点名称		星明街站
区位分析		• 1号线客流主通道 • 星明街客流主通道 • CBD区域西侧
预测客流		• 周边地块全日出行19.7万人次 • 高峰总客流2.4万人次 • 高峰地铁客流0.6万人次
功能定位		• 园区二级枢纽 • 轨道＋公交换乘节点 • 园区内外交通换乘节点
配套交通设施	路外设施	• 公交枢纽 • 地下公共停车场
	路内设施	• 公交过境站 • 出租车候客站 • 非机动车停车点
一体化衔接要点及优先级		• 公交换乘枢纽衔接 • 非机动车停车设施衔接 • 沿街及中央公园步行系统优化 • 周边居住区人行开口建议

星明街站设施需求及设计方案   表5-13

设施	公交枢纽（个）	公交站点（个）	机动车公共停车泊位（个）	地面非机动车停车泊位（个）	地下非机动车停车泊位（个）
需求	1	8	1 200	300	900
方案	1	10	1 200	500	1 800

3）规划设计方案（图5-40）

（1）公交换乘枢纽：增设公交换乘枢纽1个，设在中央公园东南角，3 700m²，7～8条线路停靠，内部设置上下客区域，要求南北向线路在与轨道直接换乘的公交站点上下客。

（2）公交站点：增设2个：在星明街距中新路路口的出口道增设1组公交站点，设置在机非隔离带，20m站台，与轨道交通换乘；调整4个：中新路1组公交站点调整位置，站台扩展为30m；星明街距苏惠路路口的1组公交站点调整至出口道。

（3）非机动车停车：在轨道站点西南角附属设施背后设置非机动车停车泊位400个，面积1 000m²，根据实际情况分步实施。中央公园地面非机动车停车场可结合景观适当扩大规模。结合中央公园地下机动车停车场设置1 600个非机动车停车位，包括引导星海街非机动车停车需求900个。

（4）步行设施：建议利用中央公园景观步行通道，设置公交枢纽与地铁衔接通道。

（5）机动车停车：在中央公园设置 2 个地下机动车停车场，1 200 个泊位。

（6）出租车候客站：结合邻里中心地块设置（图 5－41）。

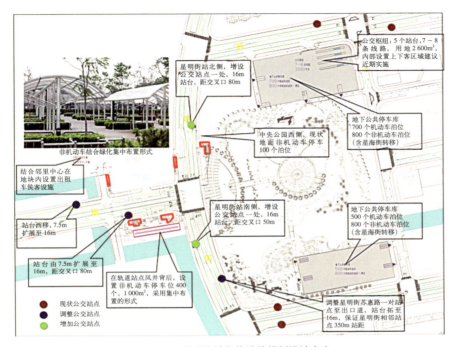

图 5－40 星明街站衔接设施规划设计方案

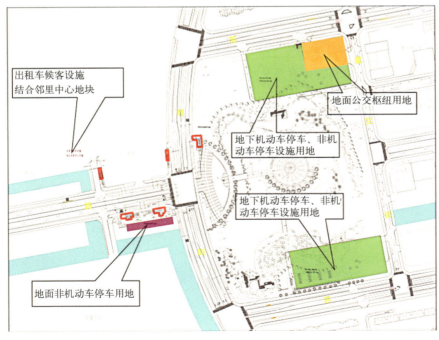

图 5－41 星明街站交通衔接设施用地

三、效益评估

1. 经济效益

经济效益方面，主要对规划所能达到的节约用地的效果进行评价。小汽车客流减少14.2万人次／日，按照小汽车车载人数1.5计算，每天减少的小汽车使用量约为9.5万车次。停车场周转率按照4.0次／日计算，可减少停车泊位供应2.38万个，节约停车泊位面积约71.3万 m^2，可节约停车设施建设费用约7.1亿元（未计土地成本）。

2. 社会效益

社会效益方面，主要对社会公平性和出行时间节约进行评价。对交通方式结构的优化，尽管公共交通总体出行比例仅提高了1%，但其优化了公共交通系统内部轨道交通与常规公交的方式结构，促使更多居民利用轨道出行，提高了轨道交通出行比例；同时，通过提高公交吸引力，增加了非机动车、步行等慢行交通方式的比例，促使小汽车出行比例下降了5%。在促进社会公平方面，增加了公交的可达性，方便居民使用公共交通，有利于保障低收入居民和弱势群体交通出行的公平性，改善了社会公平性。在促进出行时间节约方面，促使居民公交90%的出行时耗减少了7min；苏州市2012年度城镇单位在岗职工平均工资为57 622元，则时间价值约为28.8元/h，每次公交出行可以节约3.36元；规划年园区公共交通客流为219万人次／日，则公交出行可以节约的时间价值约为736万元／日。

3. 环境效益

环境效益主要对规划方法所能带来的能源消耗和污染排放方面的效果进行评价。园区小汽车平均出行距离约为9.5km，14.3万人次／日的小汽车客流的下降带来了135.9万人次·km/日的小汽车出行周转量的下降，小汽车人均能耗水平、人均废气排放水平分别按照0.29kWh/km、19g/km计算，则每天可减少能耗和废气排放分别为39.4万kWh、25.8t，每年可分别减少约14 381万kWh、9 417t。

第六章　城市个体机动化走廊规划设计

　　城市个体机动化交通具有安全、舒适、私密性好等优势，是城市机动化的重要力量，有必要为其做好走廊通道的规划，这也是提升城市综合交通效率、提升安全性的需要。另外，我国大多数城市还处于小汽车保有量的快速发展期，居民对拥有小汽车怀有着强烈的愿望，限牌、限号等措施对大多数城市来说还存在不小的社会压力，有必要考虑个体机动化走廊的配置来满足这部分需求。本章系统阐述个体机动化走廊的规划设计内容与流程。

第一节　总体思路

一、目标

1.促进系统通畅

　　个体机动化走廊规划设计以满足城市交通畅通出行为主要目标，重点强化交通系统运行效率，减少交通拥堵，提高通行能力。主要具体指标包括路网容量、平均运行速度、交通延误。

2.利于公交优先

　　个体机动化走廊以分解城市小汽车交通流为出发点，通过分流小汽车，为实施公交优先提供条件，实现城市双快分流、人车分流的交通体系构建，保障城市交通的系统最优。

3.服务个性选择

　　私人小汽车具有便捷、门到门、私密性好等优势，对于出行者而言，在某些出行目的或场合下是公共交通无法替代的。因此，个体机动化交通走廊以服务个性化的交通选择，提升交通出行的快速化、便捷化为目标。

二、原则

1.与沿线城市路网体系相协调

　　个体机动化走廊交通通道功能的发挥需充分衔接城市道路网络，通过中转、衔接将走廊功能扩展至城市范围。其大流量、连续、快速等特点，承担了城市道路交通流运行的骨干作用；相对个体机动化走廊而言，城市其他道路承担集散交通功能。同时，个体机动化走廊还应与周围公路网顺畅连通，实现城市交通与区域交通网络的无缝衔接。

2.与沿线地区用地布局相适应

　　个体机动化走廊是城市道路网的主骨架，与两侧用地具有较强的互馈效应。因此，走廊规划设计应充分考虑与两侧用地布局、用地出入口设置的协调，引导个体机动化走廊与用地高效衔接，合理布局用地类别，促进土地价值提升。

3．与环境保护目标要求相一致

个体机动化走廊往往带来较大的汽车噪声和尾气，易影响两侧景观、割裂两侧空间联系。因此，个体机动化走廊布局应尽可能减少对周边各种山水文脉、历史古迹、城市景观等的破坏。

4．与城市核心区功能发挥相匹配

城市核心区对机动车流和客流的吸引是最大的，交通承载能力有限。个体机动化走廊布局应该起到保护核心区的作用，将穿越性交通从中心区分离出去，同时实现中心区交通的快出慢进，降低中心区交通压力。

5．满足工程可行性与经济性要求

个体机动化走廊设计标准高，涉及很多影响工程施工的因素，工程投资大。因此，应考虑实施的技术可行性和经济性，为工程实施创造有利条件。

三、技术流程

个体机动化走廊规划设计包括走廊形式选择、走廊系统构建、用地布局、景观设计四个方面。主要流程如下：结合走廊功能定位、总体目标及分段特征，确定所选择的建设形式（包含地面、地下和高架）；结合个体机动化走廊影响机理分析，对两侧用地的空间分布形态、沿线用地功能、业态类型进行分析，给出分段用地布局规划指引，包括用地性质和开发强度等；围绕走廊所需实现的交通功能，构建个体机动化走廊交通系统；提出分区设计要求，明确交通政策设计策略和交通设施配置指引，其中，交通政策设计包括系统管理和需求管理两个方面，交通设施配置指引包括道路交通系统、公共交通系统、慢行交通系统和停车交通系统四个方面，规划内容涉及走廊自身及走廊影响区范围两个层次，交通系统构建充分结合路网容量约束和环境承载力分析，与用地布局相互反馈；结合走廊沿线特点，制定走廊沿线的生态景观系统设计方案（图6-1）。

四、规划模型

通过建立交通服务水平、交通流量、能源消耗及排放、土地利用之间的数学模型，对走廊建设标准及形式、走廊集散网络能力、用地布局及开发强度进行反馈。首先，构建在一定交通服务水平下，交通容量与用地布局之间的约束优化模型，即在一定服务水平下调整用地布局使路网承载力最大，或采取不同的用地布局方案后，如何优化交通流分布，提升道路交通服务水平。该双层模型（U0）的上层即通过调整城市用地布局、优化开发强度等，下层模型（L0）即出行者，通过改变交通流分布，间接影响道路交通服务水平，上层模型为线性优化模型，下层模型为用户平衡配流模型。

在双层优化模型的基础上，建立交通承载力下的环境容量约束的总量限制模型，作为环境约束反馈至双层模型，最后在交通模型测算的基础上综合确定用地布局、开发强度、集散路网和建设标准（图6-2）。

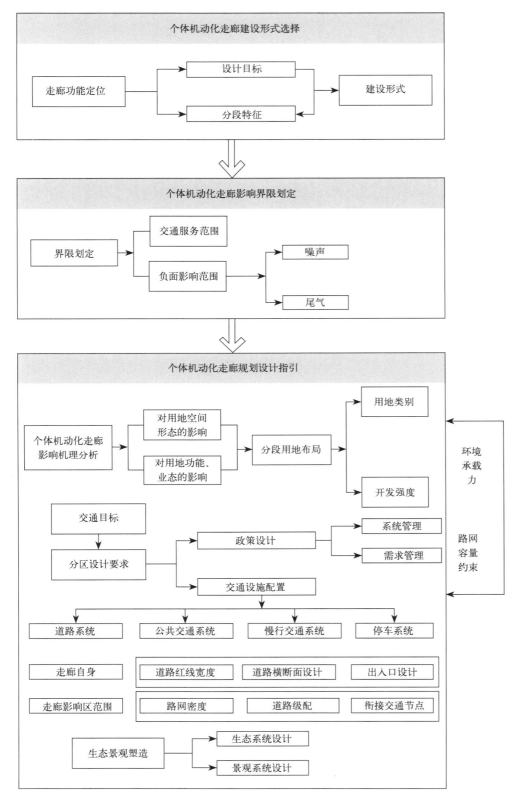

图 6-1　个体机动化走廊规划设计技术流程图

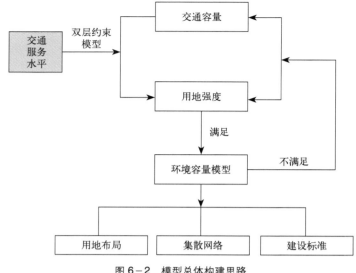

图 6-2 模型总体构建思路

1. 双层优化模型

$$U0 \max N = \sum_{r \in o, s \in D} Q_{rs}$$

$$s.t. x \leqslant N_a, \forall_a \in A,$$

$$N_a = C_a n \mu a \eta,$$

$$Q_{rs} \geqslant 0, \forall_r \in 0, s \in D,$$

$$L0 \min Z = \sum_{a \in A} \int_0^{X_a} t_{a(\omega)} d\omega,$$

$$s.t. \sum_{p \in P_{rs}} \int_p^{rs} = Q_{rs},$$

$$X_a = \sum_{r \in o} \sum_{s \in D} \sum_{p \in P_{rs}} \int_p^{rs} \delta_{ap}^{rs}, \forall_a \in A,$$

$$\int_p^{rs} \geqslant 0, \forall p \in P_{rs}, r \in 0, s \in D,$$

$$t_a(X_a) = t_{af} \left[1 + a \left(\frac{X_a}{C_a} \right)^\beta \right]$$

式中：N 为路网承载力；Q_{rs} 为交通网络中起点 r 与讫点 s 之间的出行需求；x_a 为路段 a 上的交通量；A 为路网所有路段的集合；N_a 为路段 a 的承载力；O 为所有起点的集合；D 为所有终点的集合；Z 为用户最优平衡模型的目标函数；$t_{a(xa)}$ 为路段 a 上交通量为 X_a 时的车辆行驶时间；t_{af} 为路段 a 的自由流行驶时间；fp^{rs} 为 OD 对 r、s 间任意路径 p 上的交通量，其中路径 $p \in P_{rs}$；P_{rs} 为 OD 对 r、s 之间所有路径的集合；δ_{ap}^{rs} 为路段、路径的相关变量，即 $0 \sim 1$ 变量，若路段 a 属于起讫点 r、s 之间的路径 p，则 $\delta_{ap}^{rs} = 1$，否则 $\delta_{ap}^{rs} = 0$。

其中，路网承载力计算主要依据路网容量约束的时空消耗法。路网容量约束的时空消耗是指交通个体所占的动态空间以及所花费的出行时间。从时空消耗角度看，路网容量就具体转化为某类路网所能提供的交通个体时空消耗量。

将城市路网的时空总资源定义为城市道路的有效运营长度和有效运营时间的乘积，将个体时空消耗定义为交通个体占用的动态道路长度与交通时间的乘积，通过计算在时空总资源的约束下城市路网在单位时间内能够容纳的最大交通个体数作为城市路网交通容量上限。其计算模型如下式所示。

$$f_c = \frac{C_1}{C_{1v}} = \frac{L_r T}{h_v t_v}$$

式中　f_c——城市路网容量；

　　C_1——城市路网的时空总资源（km·h）；

　　C_{1v}——交通个体在单位时间内一次出行的平均时空消耗（km·h）；

　　L_r——城市道路机动车道总长度（km）；

　　T——城市道路单位时间内的有效运营时间（h）；

　　h_v——交通个体行驶过程中的车头间距（m）；

　　t_v——机动车在单位时间内的平均出行时间（h）。

该模型中需要确定的变量有 L_r、T、h_v 和 t_v，这些参数都可以根据实际情况通过交通调查等方式获得，而变量 h_v 也可以依据跟驰理论进行理论推导。根据跟驰理论：反应 = 灵敏度 × 刺激，经现有理论推导出动态车头间距与车速和停车时车头间距之间的关系，如下式所示。

$$h = \left\{ \begin{array}{ll} h_0 = \exp(v/a) & 0 < m < 1 \\ (h_0^{1-m} + (1-m)v/a)^{1/(1-m)} & m > 1 \end{array} \right\}$$

式中　h_0——停车时的车头间距（m）；

　　h——车头间距（m）；

　　v——速度（m/s）。

上式中的参数 a、m 则根据实际道路情况、交通情况及驾驶员自身的状态来确定。这样可以通过带人交通个体行驶速度，计算得到交通个体出行过程中的车头间距 h。当 L_r、T、h_v 和 t_v 确定下来后，认为交通供需平衡已经实现，该状态下的均衡交通网络容量就可以确定下来了。但由于各种实际条件的限制，动态的交通供需均衡状态难以实现，需要从路线使用频率、交叉口修正系数等几个方面进行修正。通过修正得出实际道路、交通条件下的交通网络容量。

2. 基于走廊环境容量模型的约束反馈

根据《环境空气质量标准》GB 3095—2012 要求，结合区域环境容量的计算方法 A 值法，可以求出 NOX、CO、PM、HC 四类污染物各自的环境容量。在具体的计算过程中，不考虑以上四类污染物的背景浓度，并且将整个走廊沿线区域看成一个统一的区域，环境空气质量标准采用国标《环境空气质量标准》GB 3095—2012 中的二类地区标准。

$$Q_a = AC_{si} \frac{s}{\sqrt{s}}$$

Q_a——大气污染物理想环境容量（10^4/a）；

A——该地区的环境容量系数，根据李云生等主编的《城市区域大气环境容量总量控制技术指南》中建议的数据，A 值取为 4.34；

C_{si}——该分区污染物年日均浓度限值（mg/m^3），根据《环境空气质量标准》GB 3095—2012 取 NO$_x$、CO、PM 的日平均浓度极限，分别为 0.1、4、0.15mg/m^3；

s——为 A 值走廊影响区范围的总面积。

根据中华人民共和国环境保护部对各地区各类机动车减排核算的计算标准数据，可以折算出各类机动车的 NO$_x$、CO、PM、HC 年均排放量，如表 6－1 所示。

各类车辆尾气排放指标 表 6－1

汽车类型		NO$_x$ 排放量（g）	CO 排放量（g）	PM 排放量（g）	HC 排放量（g）
载客	微型汽车	1 605	81 998	—	9 616
	小型汽车	3 978	115 105	486	13 105
	中型汽车	19 265	19 242	633	2 911
	大型汽车	428 986	409 732	6 935	72 763
载货	微型汽车	1 919	103 004	—	10 508
	轻型汽车	14 302	140 839	2 767	14 965
	中型汽车	97 403	100 183	3 241	14 717
	重型汽车	261 550	495 736	10 214	35 022
低速载货汽车		62 429	20 491	3 806	19 593
摩托车		464	7 796	—	2 367

根据现有各类机动车的数量求出走廊内部各类机动车的比率以及各类车辆的排放量，在此基础上结合污染物上限限制，测算机动车环境容量，计算方式如下所示：

$$N_c = \sum \frac{Q_i}{\lambda_n \cdot t_i}$$

式中　N_c——机动车的环境容量；

　　　Q_i——机动车第 i 种污染物排放上限；

　　　λ_n——不同机动车的比率；

　　　t_i——不同机动车第 i 种污染物的年排放量。

设定该地区的面积为 S，单位面积的环境容量为 T，可以测算该地区可承受的机动车保有总量为：

$$f_c = \frac{TS}{N_c}$$

式中　f_c——环境容量约束下可承受的机动车保有量；

　　　N_c——机动车的环境容量；

　　　T——单位面积的环境容量；

　　　S——走廊两侧影响区范围的面积。

综合考虑环境容量和路网容量的双约束，建立个体机动化走廊环境容量约束反馈的优化模型。

总的目标函数：

$$f_i \leqslant f_c \,\&\, f_i \leqslant f_e$$

式中　f_i——个体机动化走廊交通量；

　　　f_e——个体机动化走廊环境容量约束下的交通量；

　　　f_c——个体机动化走廊路网容量约束下的交通量。

1）环境容量约束

$$f_c = \frac{TS}{N_c}$$

　　f_c——环境容量约束下可承受的机动车保有量；

　　N_c——机动车的环境容量；

　　T——单位面积的环境容量；

　　S——走廊两侧影响区范围的面积。

2）路网容量的约束

$$f_c = \frac{C_1}{C_{1v}} = \frac{L_r T}{h_v t_v}$$

　　f_c——城市路网容量；

　C_1——城市路网的时空总资源（km·h）；

　C_{1v}——交通个体在单位时间内一次出行的平均时空消耗（km·h）；

　L_r——城市道路机动车道总长度（km）；

　T——城市道路单位时间内的有效运营时间（h）；

　h_v——交通个体行驶过程中的车头间距（m）；

　t_v——机动车在单位时间内的平均出行时间（h）。

第二节　规划设计指引

一、用地系统规划

1．影响机制

个体机动化走廊以小汽车等交通流为主，分布于城市核心区外围，主要服务于通勤交通及出入城交通，走廊联系的起终点主要为居住等生活类用地和工业等生产类用地。另外，由于沿线及主要出入口能够集聚一定的客流和车流，可以引发一定程度的商业功能集聚，主要出入口可以布局商业批发类等服务类用地，但需对开发强度进行限制。

2．用地性质

以地面为主的个体机动化走廊与两侧用地联系相对紧密，走廊沿线整体可形成带状用地布局。从分布上看，个体机动化走廊多在城市中心区边缘，以地面为主的个体机动化走廊可有效串联城市中心区边缘的居住空间、商业空间。个体机动化走廊两侧用地可以居住用地为主，也可居住用地与商业服务业用地等混合布局。

以高架为主的个体机动化走廊与沿线用地宜有一定分隔，走廊出入口附近能够与城市空间衔接协调通畅。从布局上看，以高架为主的个体机动化走廊总体形成以走廊节点为核心的串珠状空间组织方式。走廊出入口宜布置居住、商业等。以隧道为主的个体机动化走廊两侧可适度布置居住、商业、办公等性质用地。

3．开发强度

个体机动化走廊两侧用地的开发强度，根据所在城市区位不同，可差别化引导。走廊沿线应适当控制开发强度，在走廊出入口可适当提高开发强度。

二、交通系统规划设计

1．分段设计要求

个体机动化走廊具有分段差异化的特点，结合走廊不同分段交通功能定位及交通需求特征，合理配置交通走廊设施。走廊总体以通过性交通功能为主，不同分段走廊结合功能要求，选择不同的建设形式。

1）城市中心区

城市中心区用地开发强度较高，路网交通容量有限，走廊建设形式一般不占用地面道路资源，以"隧道 + 地面辅道"形式为主。走廊内可具备生活性功能，应兼顾公交、步行和非机动车出行需求。

如江苏省南通市城市南北向中轴个体机动化走廊通京大道，高峰小时交通流量达到 2500 ~ 3000pcu，红线宽度 55m，两侧用地性质为居住、学校、办公等，采取"隧道 + 地面辅道"的建设形式，接入道路间距在 500 ~ 1 100m 之间。走廊西侧为城市中心区，开发强度较大，干路网间距在 250 ~ 600m，东侧为河道，路网间距为 500 ~ 800m。影响区范围内干路网密度 3.5km/km^2，路网密度达到 6.5km/km^2。

2）城市外围区

城市外围区的个体机动化走廊两侧用地开发较少，以通过性交通功能为主，用地局限性约束偏弱，建设形式可采用"高架 + 地面辅道"或高填土形式，优先保障服务小汽车交通的设施供给。

以江苏省南通市城市北侧最主要的东西向交通走廊江海大道为例（外环北路），其是四纵五横的交通通道之一，高峰小时机动车交通量达到 3 500pcu，红线宽度 60m，设计形式为高架 + 辅道，衔接兴仁高速出入口和通京大道等城市交通走廊。走廊南侧毗邻高等级航道通吕运河，北侧距离铁路线 2km，沿线用地性质为居住、工业、市场等，地块开发尺度相对较大，开发强度适中。由于受到南侧运河影响，两侧衔接道路多为北侧，接入干路间距在 500 ~ 1 000m；南侧干路接入间距则达到 1 500m，影响区范围内干路网密度达到 3.0km/km^2，路网密度约为 5.0km/km^2。

3）外围新城区

外围新城区一般难以具备完整独立的高能级组团功能，与中心区联系较强，个体机动化走廊往往深入新城区内部，以满足与主城区联系的时效性要求。由于新城区道路建设条件较好，走廊建设形式可采用"地面主线 + 两侧辅道"形式，兼顾交通性和生活性功能，交通需求以小汽车、公交出行需求为主。

以江苏省南通市临港新城的嗇园路为例，其是城市南侧东西向个体机动化走廊，高峰小时交通量达 2 000 ～ 2 500pcu，红线宽度 60m，采取"地面 + 辅道"建设形式，西侧与长江南路、东侧与通沪大道衔接。两侧用地为学校、居住等，开发强度一般。由于区位与城市中心区具有一定距离，干道网密度相对偏低，其中北侧用地为学校用地，开发地块较大，干道接入密度较南侧用地开发成熟地块更低。接入道路间距在 800 ～ 1 200m 之间，影响区范围内干路网密度为 3.0km/km^2，路网密度为 6.0km/km^2。

　　4）建设形式影响及分段设计要求

　　个体机动化走廊不同建设形式对沿线用地功能等具有差异化影响，其中"地面 + 辅道"、"高架道路 + 辅道"的个体机动化走廊占地广，对两侧空间和用地具有较强的分隔效应，噪声、尾气、光照、视觉阻隔影响等均不利于两侧商业、居住、学校等客流量较大类型的用地开发，两侧路网对步行、自行车、公交的需求偏弱，路网密度和可达性不高，因此个体机动化走廊沿线两侧不宜采取小尺度、密路网的布局形式。位于城市组团边缘区的个体机动化走廊，通常在城市内部范围内侧的路网密度明显高于外侧的路网密度。"隧道 + 地面辅道"形式占地少，对走廊两侧环境、道路交通影响小，地面路网可结合两侧用地开发相匹配的布局模式（表 6－2）。

个体机动化走廊对沿线两侧用地、景观、道路的影响　　　　表 6－2

道路形式	地面 + 两侧辅道	高架道路 + 地面辅道	地下隧道 + 地面辅道
断面简图			
主线功能	强	最强	较强 立交节点转换效率较低
辅道功能	能够集散道路两侧地块的交通		
	受地面主线的隔离，只能保证主要相交道路的两侧沟通	辅道布置较为灵活	辅道沟通较为灵活
主线和辅道的连接	以平面出入口连接	以匝道连接	以匝道连接
占地	占地宽	占地较一般地面道路宽 7 ～ 10m	占地较少
环境影响	路侧设置较宽的绿带后，交通噪声、废气尘埃对街坊影响较高架小	交通噪声、废气尘埃对街坊影响较大； 路边建筑下层的光照受高架结构遮挡	采取适当的通风和除尘设备后，噪声和废气等对道路两侧基本没有影响（敞开段除外）
对城市景观和功能的影响	与周边景观融合较好；但对城市功能、两侧交通有较大的阻隔	大建筑体量形成空间形态同其他城市元素兼容性较差；高架道路两侧沟通较方便	与周边景观融合度较好；对城市功能的影响较小

　　因此，在不同区段的个体机动化走廊应根据其交通特性及外部影响选择相应的建设形式，同时在不同区段内对各种交通方式的合理配置也有所区分，如城市中心区范围的

个体机动化走廊应兼顾公交和慢行交通的出行需求，城市外围区个体机动化走廊适当限制非小汽车交通需求，外围新城区个体机动化走廊应充分考虑对沿线用地的服务功能，发挥交通引导功能（表6-3）。

个体机动化走廊内部交通方式结构　　　　　　　　　　表6-3

分区	建设形式	小汽车	公交	步行	非机动车
城市中心区	地下隧道 + 地面辅道	45% ~ 55%	20% ~ 25%	10% ~ 15%	15% ~ 20%
城市外围区	高架道路 + 地面辅道	65% ~ 75%	10% ~ 15%	0% ~ 5%	5% ~ 10%
外围新城区	地面主线 + 两侧辅道	55% ~ 65%	15% ~ 20%	5% ~ 10%	10% ~ 15%

总体而言，个体机动化走廊区域在交通分区上属于机动车优先发展区，注重干路网与个体机动化走廊出入口衔接的贯通性。两侧路网布局与个体机动化走廊出入口应注重小汽车交通分流和合流的通行能力，出入口衔接道路级配要求与交通流层层疏散相匹配。两侧接入干路间距应满足时效和可达性要求。

2．配套交通政策

针对个体机动化走廊，为了缓解交通拥堵，保障交通安全，优化城市品质，优化人居、交通环境，在个体机动化走廊内需配套相应的交通管理政策，包括系统管理（TSM）、需求管理（TDM）。

1）系统管理

TSM 的主要关注对象是个体机动化走廊的交通设施和交通工具配置，目标是提高交通设施的供给能力。主要手段包括通过增加交通设施或交通工具的运能，比如增加既有道路的宽度和长度，增加公交线路和车辆数量等，还可以利用既有交通设施，通过改进技术和优化管理，提升交通设施的运行效率，从而达到扩充运能的目的。TSM 更多地指降低成本、以提高交通设施运行效率为目标的策略（表6-4）。

个体机动化走廊系统管理实施策略内容　　　　　　　　表6-4

类别	目标	策略措施
交通设施建设类	包括新建、改建、扩建交通基础设施，以增加交通流的通行空间	主线车道拓宽
		新增出入口匝道
交通工具配备类	增加交通运输工具的配备规模，以提高交通工具的运输能力	高性能车辆
		车辆运行辅助系统
交通运行管理类	通过使用新技术、新设备对既有交通设施挖潜、增效，改进交通运行管理，提高交通设施的使用效率	短时交通流预测
		交通实时路况发布
		车道限制策略

2）需求管理

TDM 是一种管理手段而非设施建设。在个体机动化走廊内的交通流量达到一定阈值后，无法通过增加设施供给予以优化的阶段，必须实施需求管理措施，可采取区域限制、拥堵收费、可变调节车道、单向交通组织等交通政策，调节走廊内的交通需求，形成保障走廊通行效率的管理政策与措施。例如：①区域通行许可证制度。限制某种车辆进入，或某一时段限制进入交通过于繁忙的中心区或某一交通拥挤路段，如北京市禁止某种车辆进入内环地区。②拥堵收费。是一种基于"用者自付"原则的需求管理措施。该措施在伦敦、新加坡、斯德哥尔摩等地区已经成功推行，对缓解城市交通拥堵、维护公共交通使用者利益以及环境改善等都有非常明显的效果。但拥堵收费也是需求管理中最具争议的一项措施，需要正确把握时机，充分研究方案，注重配套建设，争取公众支持，才能取得良好效果。③设置可变车道。主要针对走廊具有潮汐交通流特征，如高峰时某一流向车流特别多时，可以改变双向均分车道数的常规，将"二去二回"改为"三去一回"或"一去三回"，平峰时再恢复"二去二回"。④单行组织。针对中心城区个体机动化走廊沿线区域可采取组织单向交通，在路网密度较大又相互平行的路段，在有条件组织配对通行时则可组织单向交通。单向交通组织便于充分利用较窄的道路，简化交通冲突、提高通行能力（表6-5）。

个体机动化走廊需求管理实施策略内容　　　　　　表6-5

层次		策略	措施
第一层次：用地规划层面	土地利用规划	城市布局调整	城市多中心布局
		土地利用管理	TOD引导新区 完善老区混合用地 控制敏感地区用地功能
第二层次：交通规划层面	交通总量、结构优化	交通减量	出行虚拟化 合理选定客、货运站场
		优化交通结构	优先发展公共交通 鼓励合乘 保障慢行交通
第三层次：运行组织层面	交通运行管理、控制及使用调控政策	空间均衡	区域限制 停车供给调整 组织单向交通 设置可变车道
		时间调控	错时上下班 弹性上班制 压缩工作日
		经济时段	调节税费 财政补贴 停车收费管理 拥堵收费
		行政措施	禁止或限制车辆拥有 限时通行 禁止某方向通行 禁止或限制某种车辆通行
		其他措施	停车换乘措施 货物集中运送措施

3．道路交通系统

1）走廊廊道

（1）道路红线和车道数

走廊道路红线控制是走廊道路设计的前提条件，结合"窄马路、密路网"的道路系统建设要求，应适当控制和压缩走廊红线宽度，优先配置交通功能所必需的空间，将道路红线内其他功能空间转出。

个体机动化走廊红线，城市中心区建议宽度小于 50m，边缘区、外围区红线宽度小于 60m，城市新区红线宽度小于 60m。

个体机动化走廊车道数，建议为双向 6 车道及以上；100 万人口以上城市、开设公交专用道的个体机动化走廊，建议为双向 8 车道。

（2）道路横断面

个体机动化走廊一般由主路和辅路构成，根据主路与辅路位置关系不同，走廊构造形式可分为：高架式、地面式和隧道式。

①高架式

高架式是在地面以上修建高架桥，桥上空间作为走廊的主路，桥下面或两侧修建辅路，上下通过匝道桥连接。根据高架断面的不同，高架走廊可以分为整体式高架走廊和分离式高架走廊（图 6-3、图 6-4）。

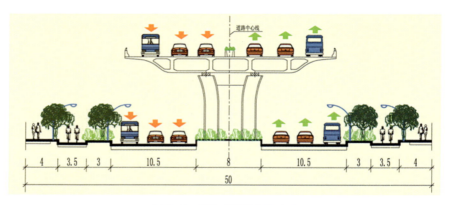

图 6-3　整体式高架走廊（m）

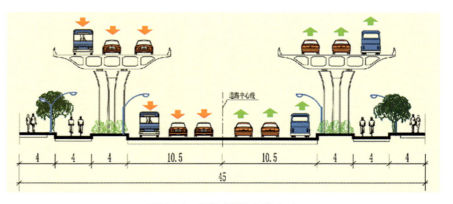

图 6-4　分离式高架走廊（m）

优点：占地少，一般道路红线在 50m 左右（有匝道段会略宽）。地面辅道系统可以集散沿线交通，通过设置的高架匝道进出快速系统。原有横向道路与辅道通过信号灯平交，交通组织较为简便。因此，其交通功能不仅仅服务于"线"，而且还可以服务于"面"。

缺点：造价高，一般在 1.5 亿元 /km（按双向 6 车道规模计算）。对高架桥沿线建筑的噪声污染和汽车尾气污染较大，对城市景观有一定的破坏。而且，高架建设时，对原有市政管线影响很大，还要处理好同轨道交通之间的相互关系。

适用范围：高架式走廊往往修建在道路经过区域红线较窄、拆迁困难、横向沟通较密集地段或在跨越河道、铁路时采用。

②地面式

根据主路与辅路位置关系不同，该类模式个体机动化走廊的构造形式可分为：地坪式（图 6－5）、路堤式和路堑式（图 6－6）。

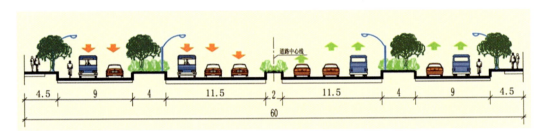

图 6－5　地坪式（m）

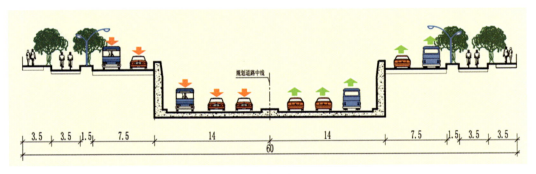

图 6－6　路堑式（m）

优点：由于结构构造物少，造价较为低廉，一般在 0.15 亿～ 0.18 亿元 /km（按双向 6 车道规模计算）。由于其基本在现有道路上结合地形修建而成，道路标高与两侧地坪标高差别不大，易与周边景观结合，对环境和城市景观影响较小。对市政管线、轨道交通基本无影响。

缺点：占地较宽，所占路幅相比较其他形式的走廊宽 7 ～ 10m。最大的不足是沿线横向道路隔断，走廊两侧不便交流。

适用范围：适用于规划红线较宽、横向交叉道路间距较大的地区，新建城区用地比

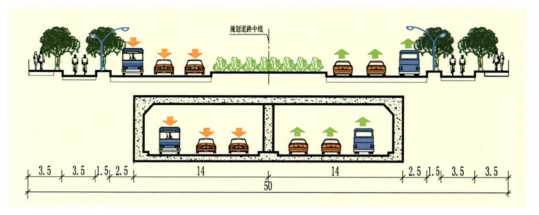

图 6-7　隧道式（m）

较富裕或结合城市改造拆迁较少的路段。不宜设置在城市中心区域，否则会影响功能集聚，造成地块功能隔断现象。

③隧道式

一种主线设置在地面以下，辅道系统位于地面的形式（图 6-7）。

优点：隧道式走廊由于将主线放置在地面以下，占地少，通行能力大。采取适当的通风和除尘措施后，车辆的噪声和废气等对道路两侧基本没有影响，与周边景观融合度较好，对城市功能的影响较小。

缺点：隧道式走廊造价最高，一般在 3 亿～ 4 亿元 /km（按双向 6 车道规模计算）。与其他道路的衔接困难。对原有管线、轨道交通影响较大。紧急情况（火灾、车辆抛锚等）下，救援不易，维护成本高。

适用范围：大城市主城区内，车流量很大，而道路红线较窄，拆迁困难或对景观、环境要求较高的段落可考虑建设隧道式。

（3）出入口设计

出入口是城市个体机动化走廊的重要组成部分，它将个体机动化走廊与其他城市道路相衔接，实现道路等级的过渡。出入口设置合理与否，直接影响城市道路网的整体效率。个体机动化走廊出入口匝道一般设置在城市主干道或城市次干道交叉口附近，设计中常需配合临近交叉口的渠化拓宽。

①出入口数量

出入口布置过多，会刺激、吸引短途交通流大量混入，加剧个体机动化走廊的运行压力，使路网交通量分配失之均衡；同时，上、下匝道间距过小，车辆汇入 /汇出引起的交织严重，主线通行能力不足，形成交通瓶颈。反之，出入口布置过少，出入口间距扩大将造成主线车流量减少、辅道压力增大及出入口车辆排队运行，导致交通效益降低。因此，合理设置出入口是保证个体机动化走廊正常运行的关键（表 6-6）。

上海快速路网出入口平均间距　　　　　　　　　　表6-6

道路名称	全长（km）			出入口平均间距（km）		
	浦西段	浦东段	全线	浦西段	浦东段	全线
内环	32	15	47	1.00	—	1.42
中环	38	32	70	1.07	1.28	1.17
外环	47	51	98	1.07	1.28	1.17
延安路高架	8.5	6	14.5	0.68	1.33	0.85
南北高架 （含共和新路高架）	8.5	10	18.5	0.55	0.80	0.66

②出入口类型

个体机动化走廊出入口类型主要有两种分类方法：按出入口所处位置和功能分为两类，互通式立交（立交匝道）出入口和路段辅道出入口。按出入口的不同组合形式分为四类，即入口—出口、入口—入口、出口—出口和出口—入口，如图6-8所示。

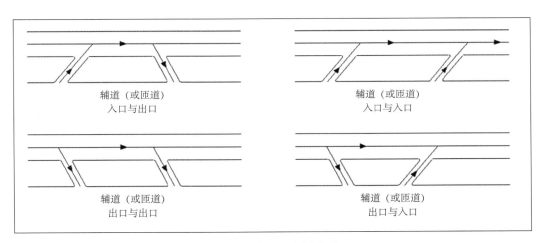

图6-8　出入口形式示意图

2）周边路网布局

（1）总体要求

个体机动化走廊是城市交通的大动脉，将长短距离、快慢速度的不同交通行为分离开来，满足城市内部中长距离机动车交通、对外交通的交通需求，以快速、大容量小汽车通行为目标，提升城市各主要节点的快速通达。由于个体机动化走廊采用控制出入、控制出入口间距及形式，设计时速达到60～100km/h，实际通行能力为城市干道的2～3倍，因此对两侧路网的交通流集散能力具有一定要求。以"10min"抵达个体机动化走廊入口为目标，两侧3～4km范围内应具备接入干道。同时，在与个体机动化走廊平行方向的路网布局上，也应注重替代分流通道的建设，作为备选和分流道路。

（2）密度指标

两侧衔接道路布局不宜过密，虽然增加了路网可达性，但主线分流和合流过于频繁，会严重影响主线交通；衔接道路布设过少，使得流量过分集中于一个交叉路口，也使得该横向道路不堪重负，交叉口极度拥堵。当出入口端部间距不能满足最小间距要求时，应设置辅助车道。总之，必须合理控制两侧衔接道路的间距，实现分流和集散交通的作用（表6−7）。

个体机动化走廊路网密度表 表6−7

特征区	干路网密度（km/km²）	支路、街巷网密度（km/km²）	总计（km/km²）
一般值	2.5 ~ 4.0	—	4.0 ~ 6.0
扬州	2.0 ~ 3.0	3.5 ~ 4.0	5.5 ~ 7.0
昆山	2.3 ~ 3.0	3.0 ~ 4.0	5.3 ~ 7.0
高邮	2.0 ~ 2.5	3.5 ~ 4.5	5.5 ~ 7.0
滁州	2.73	3.5	6.25
镇江	2.19	3.5	5.19

（3）级配指标

不同功能走廊地区的干支路密度均较为接近，对比个体机动化走廊与公交走廊的级配比例，可以看出其对支路网要求相对偏低，道路等级配置指引如表6−8所示。

不同交通走廊道路等级配置指引表 表6−8

走廊类型	干路网密度：支路网密度
公交走廊地区	1 ∶ （1.8 ~ 4.0）
个体机动化走廊地区	1 ∶ （2.0 ~ 2.0）

（4）交通组织

走廊沿线的交通组织的基本原则为"人车分流、均衡分布"。一方面，使得小汽车与行人分离，保证慢行活动频繁的区域不被大量机动交通干扰；另一方面，小汽车能够在相对独立的环境中运行，提高交通运行效率。对于走廊两侧沿线次支路密度较高的情况，可采取单向交通组织汇入走廊主通道，减少走廊区域的交通冲突和交织点，实现走廊区域交通的顺畅组织。走廊沿线小尺度路网间距条件下，依据靠右行驶的交通规则，通过单向交通组织可有效提高交通流组织效率，车流组织呈现顺时针方向。走廊区域应实施接入管理技术，针对不同功能类别的道路，对走廊沿线出入口分类控制。地块出入口的设置需与衔接道路功能相协调（图6−9）。

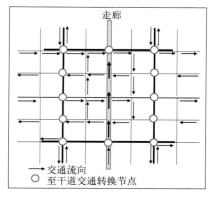

图6−9 交通走廊机动车车流组织

4．公共交通系统

针对个体机动化走廊的公交系统优化，包括调整公交线路和场站设施布局，公交主干线和换乘枢纽应尽量避开城市个体机动化走廊，公交线网布局应与公交客运走廊紧密结合，实现人车分离。

1）指标要求

个体机动化走廊区域以交通性功能为主，公交网络密度、站点覆盖率和平均站距均小于城市平均指标。公交线路布设以大站距的快线为主，城市郊区段可结合设置 BRT 线路延伸段至外围组团（表 6-9）。

个体机动化走廊公交系统发展指标要求　　　　　　　表 6-9

指标	覆盖率		线网密度（km/km^2）	平均站距（m）
半径范围	300m	500m		
城市中心区范围	60%	95%	3～4km/km^2	500～600
个体机动化走廊影响区范围	30%	60%	1～2km/km^2	800～1 200

2）线路布设

在人车分离的规划理念下，公交走廊宜避开个体机动化走廊。因此，公交线网布局仅沿个体机动化走廊保留部分通道性的公交快线、公交干线，且线路站距大于其他地区，通常在 800～2 000m 之间（表 6-10）。

个体机动化走廊沿线公交线网布局　　　　　　　表 6-10

线路分类		功能定位	线路长度（km）	平均站距（km）	公交优先设施	非直线系数
公交主干线	公交快线	主要服务于长距离的组团间出行，连接和服务主要的几个客流集散点，实现城市各主要组团和主要交通或城市功能节点的快速联系	18～30	1～2	允许进入城市个体机动化走廊行驶，公交专用道对全线的覆盖率在 50% 以上	<1.4
	普通干线	主要服务于较长距离跨区出行和区内出行。线路主要连接较大的客源集散点和大型枢纽	15～25	0.8～1.2	公交优先通道的覆盖率在 30% 以上	<1.6

5．慢行交通系统

个体机动化走廊的建设形式对慢行系统布设影响较大。为保障慢行交通的安全性以及慢行走廊内部空间品质的提升，城市中心区个体机动化走廊可与慢行网络相结合，城市外围区宜相互分离。

1）慢行走廊本身

（1）线路布局

个体机动化走廊沿线以车辆通行和大地块用地开发为主，慢行路网尺度大于城市一般地区。应以自行车道为主，可沿着个体机动化走廊两侧设置慢行走廊，两侧影响区范围内可从点、线、面三个层次考虑布设相应的步行道网络。在"点"上，要求与公交系统换乘结合、衔接紧密；在"线"上，要求慢行网络通畅、连续；在"面"上，要求慢行网络层次清晰（图6-10）。

（2）路权形式

在慢行与个体机动化走廊共同利用同一通道的情况下，道路横断面内必须"机非分离"，实现高、低速交通的完全隔离，以保障交通安全。在条件具备的情况下，慢行空间应独立路权，不依附于个体机动化走廊红线内，可与道路之间保持10～30m的间距，与走廊共线平行。自行车道设置在人行道的外侧，以保持与机动车交通的相互不交叉干扰（图6-11）。

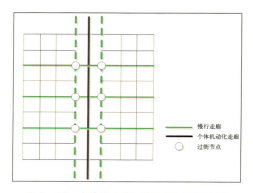

图6-10　个体机动化走廊的慢行网络布局

图6-11　走廊外侧设置自行车道

2）其他慢行

个体机动化走廊内部的行人过街设置应保持一定的合理间距，适宜500～600m，同时应设置相应的标志标牌引导等交通安全辅助设施。

三、景观与生态系统规划设计

1．沿线景观

个体机动化走廊可作为城市建设景观走廊或塑造景观特色的载体，走廊对城市土地级差的重新分布引起城市竖向形态结构的变化，带来新的城市尺度与空间感受，从而重塑城市的天际线，丰富城市景观层次，突出城市建设特色，彰显城市景观轴线。

2．节点景观

可结合个体机动化走廊出入口，利用绿化空间及开敞的空间尺度，形成门户景观。走廊沿线可加强人行通道建设，强化两侧功能联系。高架走廊下方可组织部分文化活动形成公共活动带，有机缝合两侧空间。

3．生态空间

通过人性化设计，避免走廊对沿线功能的干扰。个体机动化走廊由于较大的流量对两侧生态环境等造成了一定的干扰，可通过噪声挡板、柔性路面设计等减少噪声干扰，沿线种植绿化吸收部分尾气，减少对沿线用地尤其生活用地的干扰；走廊沿线客流量较大，可通过便携式绿化、花卉、盆景等植物丰富沿线的带状绿化空间，丰富走廊沿线的生态小环境。

<h2 style="text-align:center">第三节　案例分析</h2>

一、案例简介

以宜昌市横一快速路为例。横一快速路由东岳二路、庙嘴大桥、西陵二路、发展大道、宜秭路组成，线路西起江南翻坝高速、东至沪蓉高速公路，全长约36.7km。"横一"快速路主要承担三大功能：一是区域内部重要转换通道、特别是服务西陵和点军组团的交通集散功能；二是点军、西陵、小溪塔组团之间重要的快速联系功能；三是快速对接江南翻坝高速、沪蓉高速。根据远期流量预测，"横一"快速路穿越城区段高峰小时路段流量为 4 500 ~ 6 500pcu/h，横断面总规模不低于双向 6 ~ 8 车道（图 6−12）。

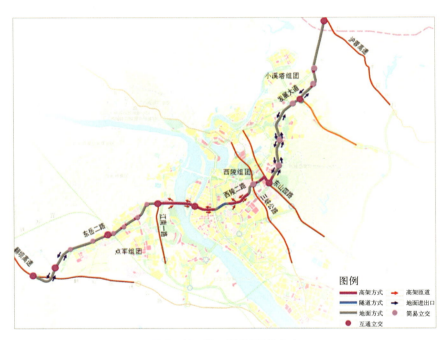

图 6−12　横一快速路总体方案

二、空间组织

横一快速路自西向东串联了宜昌中心城区点军组团、西陵组团和小溪塔组团，整体空间呈现"廊道 + 节点"的模式。该快速路穿越了宜昌城市中心北侧，有效串联了东部的小溪塔组团中心南侧和西部点军组团中心北侧，总体沿组团核心区边缘布局。在组团中心外围形成高架道口，主要连接西陵组团、点军组团和小溪塔组团的居住人口，对宜昌中心城区北部东西向职居交通起到了引导和均衡作用（图 6−13）。

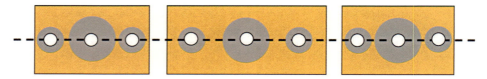

图 6-13　横一快速路空间组织模式

三、用地布局

由于横一快速路全线较长，两侧用地根据区位不同有所差异。西陵组团中，横一快速路长约 6km，沿线 2 000m 宽走廊范围覆盖用地 12km² 左右，其中居住用地约占 30%，公共管理与公共服务用地和商业服务业设施用地各占 10% 左右。总体而言，横一快速路在西陵段与组团中心北侧居住用地产生了密切互动，引导居住人口的流动（图 6-14）。

图 6-14　横一快速路西陵组团土地利用规划图

小溪塔组团段，横一快速路长约 11km，沿线 2 000m 宽走廊覆盖用地约 20km²。由于小溪塔组团位于宜昌中心城区北侧边缘，东部临山体，横一快速路介于组团和山体之间，起到了联系小溪塔组图和西陵组团的作用。走廊两侧用地以居住和工业为主，沿山体串联了部分商业服务业用地和公共管理与公共服务用地，横一快速路有效促进了职居联系（图 6-15）。

点军组团段横一快速路长约 6km，由于地处城市西部新区、正处于建设起步时期，走廊沿线 2 000m 宽覆盖用地约 7km²。横一快速路位于点军组团北侧边缘，两侧用地主要为居住和公共管理与公共服务用地，西侧地区覆盖了少量工业用地。横一快速路联系宜昌城区长江东西两岸，促进了点军组团与中心城区其他组团的职居联系（图 6-16）。

图 6-15　横一快速路小溪塔组团土地利用规划图

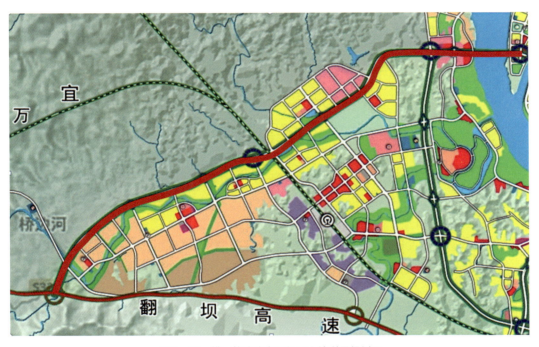

图 6-16　横一快速路点军组团土地利用规划图

四、开发强度

由于横一快速路联系了宜昌中心城区三个不同组团，因此开发强度根据组团的定位和发展状况有所不同。西陵组团横一快速路两侧由于地处宜昌市中心，开发强度较高。其中，居住开发量约占30%，商业服务业约占25%，教育、医疗等开发量约占10%。总体而言，横一快速路走廊用地进行了中等强度的居住、商业开发，有效引导了客流。小溪塔组团和点军组团横一快速路由于地处城市边缘，对两侧用地进行了工业开发，总

图 6－17　西陵组团横一快速路两侧开发强度适宜图

体开发强度较低（图 6－17）。

五、交通规划设计

1.　走廊建设形式

穿越老城区段：该段贯穿老城区，道路红线较窄，道路拓宽拆迁量大，经多方案比较研究后，适宜采取"全程高架 ＋ 局部隧道"建设方式。庙嘴大桥主线采取高架连续上跨珍珠路、夷陵大道、东山大道后落地，采取隧道方式穿越铁路、体育场路，过云林路出地面，后继续以高架上跨城东大道、过汕头路后落地，规划在沿江大道设置一座互通立交（在建），在东山大道以西设置一对平行匝道，在城东大道设置一对上下匝道；规划需对既有铁路涵洞进行拓宽改造。考虑该段工程难点为穿铁路工程，建议适当扩大铁路通道规模，采取主线 4 车道、辅路 6 车道的断面布置，为今后发展预留一定空间（图 6－18）。

发展大道段：发展大道是小溪塔联系西陵组团的重要通道之一，现状沿线用地开发强度较高，目前，道路已按双向 6 车道建成，道路两侧已经形成了较好的城市景观，道路下方为规划建设的轨道交通 3 号线。

通过对多种建设方式的综合比较研究，推荐该段采取地面主辅快速化建设方式，利

图 6－18　横一快速路穿越老城区段建设方案

用既有路面形成双向 6 车道作为主路，拓宽两侧非机动车道形成辅路；为加强道路两侧用地联系，设置 3 处简易立交、10 处立体人行过街通道。该方案建设标准较高，与远期轨道 3 号线矛盾小，且环境景观影响小、工程投资小；但采取地面快速建设方式后，道路对两侧用地分隔较为严重，路段和道口左转交通需绕行组织（图 6-19）。

图 6-19　横一快速路发展大道段建设方案

道路横断面设计中老城区采用高架形式，外围地区采用地面整体形式。

2．道路交通系统

主要分析走廊自身的道路横断面设计形式，包括各种交通方式的空间分配。

1）地面整体式断面

整体式主路与辅路及两侧建筑地坪基本位于同一平面层次，车辆通过主路与辅路之间的绿化隔离带（或设施带）的进出口驶入或驶出主路。该断面形式在外围发展大道等路段予以采用（图 6-20）。

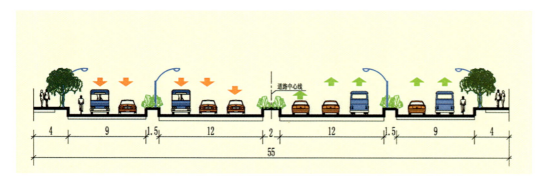

图 6-20　道路主辅路形式的横断面设计（m）

2）高架路断面（路堤、高架）

该断面形式在老城区内部予以采用。城市高架路在下或两侧修建辅路，上下通过匝道连接，这种形式能够有效加强两侧用地的联系，对快速路横向道路和周边地块的联系阻隔较小，适用于发展密集且道路空间资源有限的区域（图 6-21）。

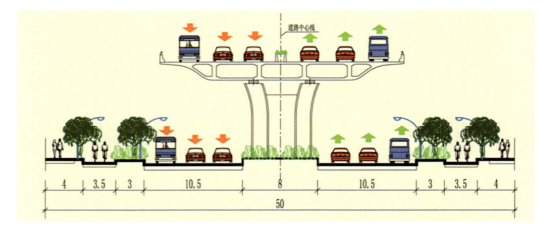

图6-21 高架形式的道路横断面设计（m）

3．公共交通系统

1）公交线路和站点情况

在城区段个体机动化走廊公交线路和站点布设与非走廊区域没有明显差异，均实现300m站点全覆盖；在城区外围段，发展大道路段公交站间达到 1.0 ～ 1.5km，明显低于城区段（图6-22）。

2）公交专用道

个体机动化走廊内公交系统以公交专用道形式设置，沿着发展大道—城东大道：联系小溪塔组团、东山开发区、伍家岗中心组团至宜昌新建的宜昌东站，联系主要的客运集散点（图6-23）。

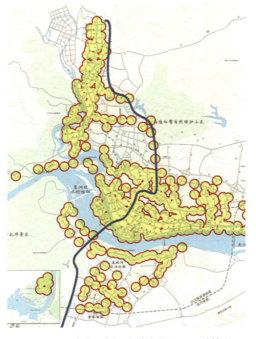

图6-22 走廊两侧公交站点设置及覆盖情况

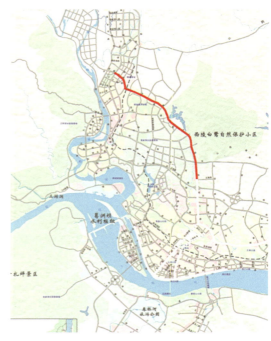

图6-23 走廊公交专用道布局图

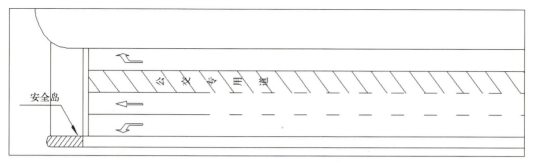

图6-24　设置在右转专用道左侧的公交专用进口

公交专用道采用设置在次右侧进口车道的形式：在交叉口进口道区域进行车道变位，即将公交专用道向道路内侧偏移一个车道，为右转车留出一个车道（图6-24）。

4．慢行交通系统

结合城市慢行网络和自然山水条件，走廊内慢行绿道分为都市生活型和郊野休闲型两类。都市生活型绿道在城区范围与个体机动化走廊相互分离，距离走廊2～3km范围，沿着湖泊、河道走向，里程5.6km。郊野休闲型绿道在城区外围，基本沿着个体机动化走廊布局，并衔接至主要交通枢纽，与发展大道、东岳二路共线，里程16.5km（图6-25、图6-26）。

绿野休闲型绿道控制区宽度一般不小于50m。主要包括滨河慢行道、亲水栈道、滨河绿化、沿河服务设施等（图6-27）。

5．交通衔接

绿道与个体机动化走廊交叉的处理方式包括平交式、下穿式和上跨式三种，包括利

图例：
—— 都市生活型绿道
—— 绿野生活型绿道

图6-25　走廊内慢行绿道布设

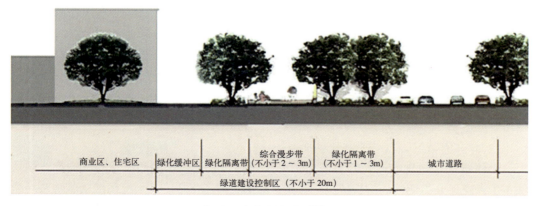

图6-26　都市生活型绿道控制区

绿化带　　　　河流　　　　　　　绿化隔离带　综合漫步带　　　绿化隔离带
　　　　　　　　　　　　　　　　　　　　　(不小于2～3m)
　　　　　　　　　　　　　　　绿道建设控制区

图6-27　绿野休闲型绿道控制区

专用横道　　　　　　　　　现有涵洞　　　　　　　　　人行天桥

图6-28　绿道与个体机动化走廊交叉处理形式

用交通灯管制和绿道专用横道横穿、利用现有涵洞下穿、利用或新建人行天桥上跨个体机动化走廊的方式（图6-28）。

六、效益评估

1. 经济效益

个体机动化走廊连通后对联系宜昌江南江北具有重要意义。作为城市快速网体系的重要组成部分，横一快速路走廊建设打通了城市东西向主动脉，串联西陵区、夷陵区、开发区和点军区，缩短了组团间的时空距离。从江南到开发区近1h车程将缩短至15min，通行效率提升2倍以上，从城市CBD至火车东站仅需20min，显著节约城市居民出行时间成本，改善城市既有的交通格局；双向6～8车道的快速路单向通行能力约为4 500～6 500pcu/h，较地面平交道路通行能力的3 000～4 000 pcu/h提升1.5倍，有利于改善城市交通出行服务水平，缓解城市交通拥堵压力。同时，快速交通走廊的建设有利于提升沿线用地的交通可达性和便利条件，发挥TOD引导效应，带动沿线土地升值和外围新区的建设开发。

2. 社会效益

个体机动化走廊的社会效益主要体现在保障大城市中长距离出行的机动性，满足城市出入交通及组团之间的快速交通联系，并满足应急保障、重大组织活动等特殊功能的需要。同时，个体机动化走廊运输效率巨大，成为缓解城市交通拥堵的重要措施；通过串联功能组团分区，支撑城市空间结构合理调整；顺畅衔接城市内外交通系统，有利于扩大城市辐射吸引力，提升城市区位优势。另外，该走廊建设作为城市现代化的市政公用设施，显著改善宜昌市城市面貌和投资环境，畅达城市交通出行，增强老百姓体验现代化立体交通时代带来的获得感和幸福指数，有利于营造宜居城市、魅力城市和品质城市。

3．环境效益

环境效益方面，由于汽车污染物排放量与车速呈现指数关系，车速在接近 90km/h 左右为燃油最省、排放最低的状态。个体机动化走廊建设全线不设红绿灯和信号灯，车辆通行效率将远高于地面平面交叉口道路，车辆平均运行速度可达 50～60km/h，具有节能减排的作用，车辆延误、停车导致的燃油消耗和汽车尾气排放将显著降低，单位里程行驶的燃油消耗也将降低，减少汽车尾气污染物对城市环境的负面影响。以汽车尾气最主要的污染物 CO 为例，地面道路条件下小汽车平均车速为 30km/h（CO 排放量为 42.68g），快速路走廊小汽车平均车速为 60km/h（CO 排放量为 23.68g），个体机动化走廊单位小汽车 CO 尾气排放量将降低 1.8 倍。

第七章　城市慢行走廊规划设计

慢行交通曾经在城市交通中占据绝对主导地位，我国曾有"自行车王国"之称。由于种种原因，慢行交通占城市交通的比重下降明显，但仍是城市交通中的重要组成部分。对于步行交通而言，几乎每次出行都是以步行开始、以步行结束，步行是所有交通出行的环节之一；对于自行车出行而言，近年来随着公共自行车、共享单车的推广，也呈现复苏的迹象。本章阐述城市中慢行交通走廊的规划设计内容及技术流程。

第一节　总体思路

一、目标

1．提高慢行出行安全性

安全性是慢行走廊建设的首要目标，慢行走廊内的安全事故率应大大低于城市平均水平。

2．提高慢行出行效率

通过机非分离、慢行优先、保障慢行道路权等措施，提高慢行出行效率。自行车走廊车速达到 15km/h 左右，与机动化形成一定的竞争，并吸引部分机动化方式转移到慢行方式。

3．提高慢行出行舒适度

慢行舒适度与慢行道宽度、绿化、沿街界面趣味性、遮阳设施、转弯半径、标志标线等方面有关，充足的慢行道宽度、多样的绿化、有趣的沿街界面、完备的遮阳设施、合适的转弯半径和完善的标志标线会提高出行舒适度。

二、原则

1．快慢分离：机非分离、人非分离

快慢分离是保障慢行安全和效率的最重要措施，对于慢行走廊，应首先保障机非分离，对于非机动车流量大的廊道，还应通过人非分离来保障行人的安全。

2．用户友好：设施完备、尺度合理

慢行走廊应体现对慢行者的用户友好，慢行道、过街设施、停放设施、衔接设施、信号系统完备，慢行道宽度适宜，与慢行流量相匹配。

3．精细设计：空间怡人、标识完善

慢行走廊还应精细设计，并建立完善的标志标线，体现慢行优先。优化慢行空间，包括慢行铺装、绿化、沿街界面多样性等。

三、技术流程

慢行走廊的规划设计首先应确定其建设形式，针对不同形式的专用道和专用路系统，进行慢行精细设计，包括过街设施、停租设施、慢行环境、慢行优先等方面的设计；然后进行用地系统设计，包括宏观的用地布局和微观的空间设计；最后进行景观系统和生态系统的规划设计（图7-1）。

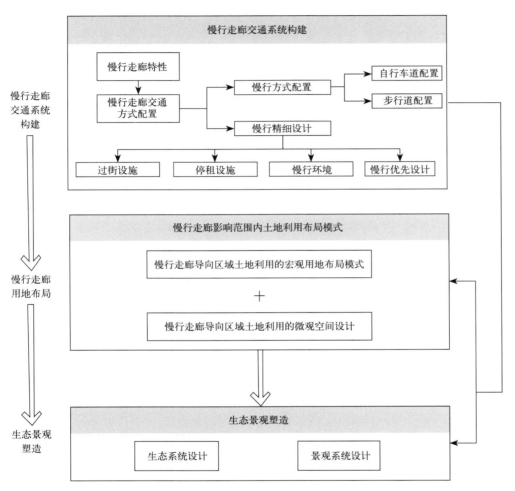

图7-1 慢行廊道规划设计技术流程图

四、规划模型

综合考虑步行距离、街区尺度、用地混合度、设施使用便利程度等方面因素，建立慢行综合指数模型，对慢行走廊进行评估和改善。

1．步行指数模型

1）构建思路

步行是与外部环境直接接触的一种出行方式，影响步行的因素众多、复杂。为更为精细地测度步行的友好程度，本书将影响因素分为两类，一是与交通相关的因素，主要是体现步行交通的便捷性、舒适性、安全性，包括步行路权形式、步行道宽度、过街道路宽度、沿线机动车出入口密度等；二是与用地相关的因素，主要体现步行范围内可到达的目的地数量及多样性，以及步行空间环境的友好程度，包括土地利用混合程度、步行范围内公共设施的供给数量、步行沿街立面的类型及趣味性等。

2）模型构建

步行指数可分为单点步行指数和面域步行指数，单点步行指数只是表征了某一点的步行可达性，当需要知道一个区域（如一个街区、一个社区、一个城市等）的步行可达性时，就需要计算面域的步行指数。首先在研究范围内构建一个均匀分布的正方形格网点阵数据集，计算每个点的单点步行指数，将每个单点的步行指数值赋予对应的格网，即得到面状步行指数，可以直观表现一个地区的可步行性。

单点步行指数的计算可以分为以下三个步骤：设施分类表的准备，距离衰减计算，步行环境影响衰减（包括步行道宽度与步行路权衰减，过街体验与沿线空间衰减）。将小区人行主入口作为评价点，建立如下评价公式：

$$p = f(v,d,w,s,l,a,q) = \sum_{n=1}^{n \in [1,n]} (v_n d_n w_n s_n l_n a_n q_n)$$

式中　v_n——设施 n 的需求满足度；

　　　n——各种类型设施的个数；

　　　d_n——距离衰减系数；

　　　w_n——去往设施 n 的路径综合步行道宽度衰减系数；

　　　s_n——去往设施 n 的路径综合步行路权形式衰减系数；

　　　l_n——去往设施 n 的路径综合过街道路红线宽度衰减系数；

　　　a_n——去往设施 n 的路径沿街空间积极程度衰减系数；

　　　q_n——去往设施 n 的路径综合机动车开口数量衰减系数。

其中，w_n、s_n、l_n、a_n 为去往设施 n 的最短路径的综合衰减系数，

$$w_n = \sum_{k=1}^{k \in [1,k]} \frac{w_{nk} \cdot d_{nk}}{d_n}$$

$$s_n = \sum_{k=1}^{k \in [1,k]} \frac{s_{nk} \cdot d_{nk}}{d_n}$$

$$l_n = \frac{1}{j} \cdot \sum_{j=1}^{j \in [1,j]} l_{nj}$$

$$a_n = \sum_{k=1}^{k \in [1,k]} \frac{a_{nk} \cdot d_{nk}}{d_n}$$

式中　d_{nk}——组成去往设施 n 的路径的第 k 个路段的长度；

　　　w_{nk}——组成去往设施 n 的路径的第 k 个路段的步行道宽度衰减系数；

　　　s_{nk}——组成去往设施 n 的路径的第 k 个路段的步行路权形式衰减系数；

　　　l_{nj}——组成去往设施 n 的路径中经过的第 j 个过街道路的红线宽度衰减系数；

　　　a_{nk}——组成去往设施 n 的路径的第 k 个路段的沿街空间积极程度衰减系数。

（1）设施分类及权重

对走廊沿线用地混合程度的影响，体现在模型中走廊一定覆盖半径内服务设施的空间布局和种类。日常设施的选取需要尽可能全面地覆盖城市居民日常出行的需求，常见的设施分类表包含了餐饮、购物、休闲、教育、公共服务、个人护理、医疗等 7 个方面共 13 类设施，每类设施根据相对重要性，通过专家打分法赋予权重，权重总和为 15。餐馆、咖啡店和酒吧不同于其他设施，由于种类多样，各有特色，这类设施的类型丰富程度对居民出行影响较大，因此考虑了多个分类，并分别赋予权重（表 7-1）。

公共设施分类及权重示例　　　　　　　　　　　　表 7-1

	设施分类	分类权重								权重
餐饮	餐馆	0.75	0.45	0.25	0.25	0.25	0.2	0.2	0.15	2.5
	咖啡店	0.45	0.2	0.1	—	—	—	—	—	0.75
	酒吧	0.45	0.2	0.1	—	—	—	—	—	0.75
购物	便利店	3	—	—	—	—	—	—	—	3
	商场	0.5	—	—	—	—	—	—	—	0.5
休闲	书店	0.5	—	—	—	—	—	—	—	0.5
	公园	1	—	—	—	—	—	—	—	1
	娱乐场所	1	—	—	—	—	—	—	—	1
教育	学校	1	—	—	—	—	—	—	—	1
公共服务	银行	1	—	—	—	—	—	—	—	1
	邮局	1	—	—	—	—	—	—	—	1
个人护理	理发店	1	—	—	—	—	—	—	—	1
医疗	药店	1	—	—	—	—	—	—	—	1
	总计	15	—	—	—	—	—	—	—	15

（2）步行距离衰减

步行距离及街区尺度的影响，在以上设施分类表基础上，考虑距离衰减规律，就可以计算从某一点出发到达一定范围内不同目的地的步行指数。常见的距离衰减为区间函数，按距离区间划分，每个距离区间内确定一个固定的衰减率。当设施距离出发点在 500m 以内，即约步行 6min 时距内时，认为其不发生距离衰减；当设施距离大于 500m 时，快速衰减，当设施位于 500～1 000m 内时，衰减率为 25%；当设施距离为 1 000～1 500m 之间时，衰减率为 88%；直到距离大于 1 500m，衰减率大于 1，即 1 500m 以外的设施对出发点的步行指数无影响。根据设施分类表寻找起点周边 1 500m 范围内的设施并赋予相应权重；然后根据距离衰减规律对权重进行衰减；最后将各类设施的权重相加，得到基础步行指数（图 7-2）。

（3）步行道宽度与步行路权衰减

考虑各因素对步行友好的影响程度，将步行道宽度和步行路权形式的衰减率各分为三级，两者可衰减率最大为4%。步行路权形式对于步行安全性和舒适性影响显著，拥有独立步行路权的路段其路权有限度最高，其次为人非共板形式，最差的为行人与机动车共板形式。步行路权形式属性中，步行道拥有独立路权

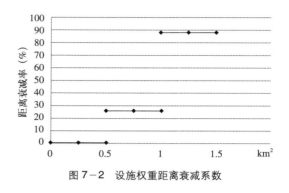

图7-2　设施权重距离衰减系数

的路段不衰减，人非共板的路段其衰减率取值1%，与机动车共板的路段其衰减率取值为2%。步行道宽度越充足，步行者舒适度体验越好。步行道宽度达到推荐宽度不衰减，未达到推荐宽度但满足最小宽度要求的路段其衰减率取值0.5%，不满足最小宽度要求的路段其衰减率取值2%（表7-2）。

步行道宽度与步行路权形式衰减　表7-2

步行路权形式	衰减率（%）	步行道宽度（m）	衰减率（%）
独立路权	0	达到推荐宽度	0
人非共板	1	未达到推荐宽度但满足最小宽度要求	0.5
与机动车共板	2	不满足最小宽度要求	2

（4）过街体验与沿线空间衰减

考虑各因素对步行友好程度的影响程度，将路径沿线机动车开口数量、过街道路红线宽度和沿街空间积极程度的衰减率各分为三级，三者可衰减率最大为2.5%（表7-3）。

过街体验与沿线空间体验衰减　表7-3

路径沿线机动车开口数密度（个/km）	衰减率（%）	过街道路红线宽度（m）	衰减率（%）	沿街空间积极程度（对于沿街立面的5级划分）	衰减率（%）
≤5	0	0～40	0	A、B	0
6～14	0.5	40～60	0.25	C、D	0.5
≥15	1	>60	0.5	E	1

诸多街区适宜尺度研究中推荐的街区尺度均低于200m，因此路径机动车出入口密度在5个/km以下时不衰减，据相关规范机动车出入口间距不宜低于70m，因此认为机动车出入口密度达到15个/km及以上时，对步行者影响较大，此时衰减1%，机动车出入口密度在6～15个/km时衰减0.5%。

据《城市道路交通设施设计规范》GB 50688—2011，"当路段或路口进出口机动车道大于等于6条或人行横道长度大于30m时应设安全岛"，即道路红线宽度约40m时需

设置二次过街，从步行友好的角度，过街道路红线宽度在 40m 以下的路段其步行指数不衰减，过街道路红线宽度介于 40 ～ 60m 的路段，其步行指数衰减 0.5%，过街道路红线宽度 60m 以上的路段，其步行指数衰减 1%。

　　沿街空间积极程度的既有研究已较为成熟，沿街立面应尽可能实现友好、多样性、有吸引力的界面，并注重街墙塑造和围合感塑造。本研究建议结合扬·盖尔相关研究对沿街建筑立面提出的 5 级评价标准进行分级衰减，A 级友好、多样性、有吸引力的界面使得步行者的体验最佳，E 级无趣、单调、乏味界面下步行者的体验最差，其中 A、B 级界面步行指数不衰减，C、D 级衰减 0.5%，E 级衰减 1%（表 7－4）。

沿街立面的 5 级划分　　　　　　　　　　表 7－4

分级	特点				
	单元	功能	界面	立面	细节
A 有活动的界面	每 100m 有 15 ～ 20 门面	功能混合，有多样性	没有消极的灰色界面	垂直立面立面具有特点和吸引力	很好的细节设计和立面材料的使用
B 友好的界面	每 100m 有 10 ～ 14 门面	功能比较体现多样性	偶有消极的灰色界面	立面具有特点和吸引力	很多细节设计
C 一般的界面	每 100m 有 6 ～ 10 个门面	功能体现适度的多样性	有一些消极的灰色界面	立面平淡无奇	很少的细节设计
D 毫无生趣的界面	每 100m 有 2 ～ 5 个门面	功能几乎不具多样性	很多消极无趣的灰色界面	无趣的立面	很少或者几乎没有细节设计
E 毫无活力的界面	每 100m 有 0 ～ 2 个门面	功能几乎不具多样性	全是消极无趣的灰色界面	粗糙的立面	没有细节设计，没有有趣的东西可以看

　　考虑各因素对步行友好程度的影响程度，将步行道路权和步行道宽度的衰减率各分为三级，两者可衰减率最大为 4%。空间紧凑度和沿街空间积极程度的衰减率各分为三级，两者可衰减率最大为 2%。

　　（5）步行指数归一化

　　经过步行环境影响衰减后的步行指数最高为 15，为了便于测度，将其等比例放大到 100，即放大约 6.67 倍，得到的最终步行指数是一个 0 ～ 100 的数值（表 7－5）。

步行指数评价表　　　　　　　　　　表 7－5

步行指数	描述
90 ～ 100	步行者天堂：日常出行完全可以通过步行解决
70 ～ 89	非常适合步行：大多数日常出行可以步行到达
50 ～ 69	步行性一般：有一部分的设施在步行范围内
25 ～ 49	步行性较差：步行范围内设施较少
0 ～ 24	小汽车依赖：几乎所有出行都依赖小汽车

2. 自行车指数模型

自行车指数模型可类比步行指数模型建立，按照自行车骑行速度对出行距离进行衰减。不同于步行，过街道路红线宽度及沿街空间积极程度对自行车交通的影响较小，影响指标除距离外，主要选取对自行车骑行安全影响较大的自行车道路权衰减系数和单位长度上沿街机动车开口数量。

$$p_{\text{bike}} = f(v,d,w,s,l,a) = \sum_{n=1}^{n \in [1,n]} (v_n d_n w_n s_n k_n)$$

式中　　v_n——设施 n 的需求满足度；

　　　　n——各种类型设施的个数；

　　　　d_n——距离衰减系数；

　　　　w_n——去往设施 n 的路径综合自行车道宽度衰减系数；

　　　　s_n——去往设施 n 的路径综合自行车道路权衰减系数；

　　　　k_n——去往设施 n 的自行车路径综合机动车开口数量衰减系数。

其中，w_n、s_n、k_n 为去往设施 n 的最短路径的综合衰减系数，

$$w_n = \sum_{k=1}^{k \in [1,k]} \frac{w_{nk} \cdot d_{nk}}{d_n}$$

$$s_n = \sum_{k=1}^{k \in [1,k]} \frac{s_{nk} \cdot d_{nk}}{d_n}$$

$$k_n = \sum_{j=1}^{j \in [1,j]} k_{nj}$$

式中　　d_{nk}——组成去往设施 n 的路径中第 k 个路段的长度；

　　　　w_{nk}——组成去往设施 n 的路径中第 k 个路段的自行车道宽度衰减系数；

　　　　s_{nk}——组成去往设施 n 的路径中第 k 个路段的自行车道路权衰减系数；

　　　　k_{nj}——组成去往设施 n 的路径中第 k 个路段的自行车道机动车开口数量衰减系数。

第二节　规划设计指引

一、用地系统规划设计

1. 步行走廊

1）影响机制

步行走廊以行人为主，主要满足日常的通勤、游憩、健身、休闲等活动需求。步行走廊内的行人与外界环境直接接触，对于周边环境质量、环境品质等有较高要求；同时，由于速度"慢"的特点，对于周边的空间体会更为细致和深入，因此对步行走廊空间的丰富性、空间尺度、空间变化等都有特定的要求，应更加重视"人"的尺度、感受和需求。

2）用地布局

步行走廊集中了人的高密度活动，因此适宜布局在公共服务、商业服务、绿地和居住

等用地周边；可结合不同类生活用地内部的步行廊道进行步行系统的设计，周边用地类型不同时，结合人的感受形成不同的空间组合形式和小街区；利用用地的多样性与混合性，结合走廊逐步形成城市的公共活动带。步行走廊对空间环境要求较高，因此工业、物流仓储、城市交通性干道、对外交通等用地两侧不宜布置步行走廊（图7-3、表7-6）。

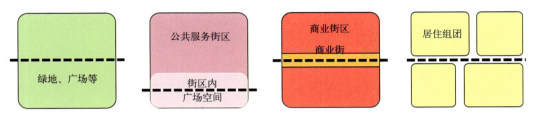

图7-3　步行走廊与各类用地的组合形式

步行走廊用地布局指引　　　　　　　　　　表7-6

	绿地广场用地	公共设施用地	商业街区	居住用地
空间组合形式	与用地内部的绿道、健身步道相结合	与公共设施周边广场、道路等组合	与商业街结合设置	设置于居住组团外围，居住区内部
适宜的街区尺度/等级	各种尺度的绿地广场用地	各种尺度的公共设施用地	200～300m为宜	300～500m为宜

3）空间设计

步行走廊空间需要满足行人与外界直接接触的"体验"要求，空间设计着重强化沿线街道界面连续性、空间尺度、连通性，节点主要营造开放的空间尺度、强化空间的特色化，通过空间设计形成富有吸引力的步行空间。

（1）商业商务段

强化与商业空间的可达性。步行走廊的设计可与商业空间结合，以步行商业街、骑楼等形式融入商业空间中。与商业综合体、办公楼等出入口密切结合，增强商业空间的活力，同时提高步行廊道的使用率。注重与不同类商业、商务空间的尺度匹配。DH比（沿街建筑距离D和高度H之比）按照1：1～1：1.5进行规划设计，尺度不宜过大或过小，营造相对舒适的步行环境和商业环境。

（2）公共设施段

强化与公共设施的联系。步行走廊应与公共设施的人行出入口有效衔接，构筑完善的步行系统。公共设施段的步行走廊可适当拓宽，公共设施类空间尺度相对较大。步行走廊可与公共设施的广场、绿化等结合，拓宽尺度，营造开敞的空间节点，形成与日常游憩、健身等结合的活动区。

（3）居住段

居住小区应通过步行出入口、生活性街道等与步行走廊联系。鼓励小区与居民开设与走廊直接联系的小区入口和住户入口。结合两侧居住小区的尺度灵活确定步行走廊宽度。与居住区、社区中心等相结合设置景观墙、生活广场等设施，形成社区的公共空间节点。

2．自行车走廊

1）影响机制

自行车走廊多为自行车专用道，主要满足组团间的自行车出行、日常休闲健身等出行需求。自行车骑行者也与周边环境直接接触，因此对走廊沿线环境质量、空间景观等有一定的要求。同时，自行车速度相对较快，两侧空间需进行相关的安全性、免干扰设计。

2）用地布局

自行车走廊适宜布局在公共服务、商业服务、绿地和居住等用地周边；因其速度较快，不宜布置在客流密集、活动类型丰富的空间，因此与各类用地的结合形式与步行走廊有所不同。与绿地广场、公共设施结合时，可从地块边缘穿越，结合公园和公共设施自身的流线组织布局自行车走廊，避免对步行活动形成过多的干扰；与商业街区、居住小区相结合时，需避免从地块内部穿越，结合用地周边的河道、绿化等空间设置自行车专用道（图7－4、表7－7）。

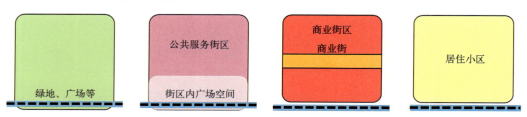

图7－4　自行车走廊与各类用地的组合形式

自行车走廊用地布局指引　　　　　　　　　　　　　　　　表7－7

	绿地广场用地	公共设施用地	商业街区	居住用地
空间组合形式	与绿地、广场内外围的慢行道结合	与公共设施周边的非机动车道结合	靠近但不穿越商业街区	与居住区内（避免穿越居住小区）的非机动车道结合
适宜的街区尺度／等级	区级以上的绿地、广场	区级以上的公共设施街区	1 000～1 500m为宜	600～1 000m为宜

3）空间设计

自行车走廊内的车速相对较快，各类活动相对单一，因此需着重强化走廊空间的连续性、安全性、多样性等方面。

自行车走廊两侧的空间尺度应有所变化。在与不同类用地结合时各自形成相宜的空间尺度，居住、商业类用地可采用较小的断面尺度，与公共设施、公园绿地、水系等结合时，可结合走廊两侧的绿化空间，形成相对开敞的空间尺度。

自行车走廊应注重空间的连续性和安全性。线形设计应平滑自然，以相对统一的标识、建筑退界等形成连续的走廊空间，采用平整、简约的路面设计，避免与步行区域过多交叉，形成安全、相对独立的廊道空间。

二、交通系统规划设计

1．步行走廊

1）步行道宽度

人行道包括建筑前区、行人通行带、设施区、自行车停车区和绿化带。其中，行人通行带是指可供行人正常、安全行走的通行空间，是人行道的有效宽度，由若干条人行带组成。应根据行人客流量和人行带通行能力确定人行带条数，根据人行带条数确定行人通行带宽度。不同区域城市道路行人通行带宽度可参考表7－8，仅当设置条件困难时采用最小宽度。目前，国内许多设计中人行道最小宽度并未考虑其非交通性功能，即未考虑设施区、自行车停车区和绿化带的宽度，因此在实际中许多人行道连行人基本的交通活动要求都难以满足，这一点应引起重视。

不同区段行人通行带推荐宽度和最小宽度建议值（m）　　表7－8

区段类型 道路等级	推荐宽度		最小宽度	
	一般情况	商业中心区、大型公共建筑、枢纽等客流集聚区	一般情况	商业中心区、大型公共建筑、枢纽等客流集聚区
主干路	4.5 ~ 6.0	5.0 ~ 8.0	3.0	5.0
次干路	3.0 ~ 4.5	4.0 ~ 6.0	2.0	3.0
支路	1.5 ~ 3.0	3.0 ~ 4.0	1.5	2.0

2）分隔形式

对于步行走廊，人行道与自行车道之间应采用物理隔离，人非共板模式仅仅适用于自行车交通量很小的情况。

3）沿线空间

沿街立面应尽可能实现友好、多样性、有吸引力的界面，并注重街墙塑造和围合感塑造。本书结合相关研究文献，对沿街建筑立面提出5级评价标准（表7－9）。

沿街立面的5级划分　　表7－9

分级	特点
A 有活动的界面	◆ 小单元，很多门，每100m 有 15 ~ 20 个门面 ◆ 功能很好的混合，具有多样性 ◆ 没有消极的灰色界面 ◆ 立面具有特点和吸引力 ◆ 垂直立面 ◆ 很好的细节设计和立面材料的使用
B 友好的界面	◆ 相对小的单元，每100m 有 10 ~ 14 个门面 ◆ 功能比较体现多样性 ◆ 偶尔有消极的灰色界面 ◆ 立面具有特点和吸引力 ◆ 很多细节设计

分级	特点
C 一般的界面	◆ 极大或者很小的单元，每 100m 有 6 ~ 10 个门面 ◆ 功能体现适度的多样性 ◆ 有一些消极的灰色界面 ◆ 立面平淡无奇 ◆ 很少的细节设计
D 毫无生趣的界面	◆ 很大的单元，很少或者几乎没门，每 100m 有 0 ~ 2 个门面 ◆ 功能几乎不具多样性 ◆ 很多消极无趣的灰色界面 ◆ 很少或者几乎没有细节设计
E 毫无活力的界面	◆ 很大的单元，很少或者几乎没门，每 100m 有 0 ~ 2 个门面 ◆ 功能几乎不具多样性 ◆ 都是消极无趣的灰色界面 ◆ 粗糙的立面，没有细节设计，没有有趣的东西可以看

4）机动车出入口

步行走廊与机动车道路的平面交叉应通过交通控制措施保障步行的安全和优先通行。20 世纪 80 年代，Donald 在旧金山研究了小汽车交通对于生活质量的影响，当街道轻微机动化即日均通过 2 000 辆小汽车时，社区居民平均拥有 3 个朋友与 6.3 个熟人，中度机动化即日均通过 8 000 辆小汽车时，居民的朋友与熟人数分别减至 1.3、4.1 人，重度机动化即日均通过 16 000 辆小汽车时，朋友与熟人数锐减至 0.9、3.1 人。沿线居民自豪、归属、场所感亦随交通量增加而降低。据此研究，许多城市已开始控制市中心车流量与车速以保护社区活力。John Pucher 的研究亦表明，仅有步行改善的"胡萝卜"政策，而无限制小汽车过度发展的"大棒"措施，步行交通系统难以保障高质量。因此，在与步行走廊平面相交处，机动车出入口均应设置减速坝等减速设施降低机动车车速，并设置让行标志，体现步行优先地位。

2．自行车走廊

1）路权形式

自行车走廊的建设形式主要包括自行车专用道和自行车专用路，其中专用道主要分为路中式和路侧式，专用路分为普通自行车专用路和自行车高速路。以上 4 类走廊其适用性和交通特征存在较大差别，应合理选择使用（表 7 - 10）。

2）断面设计

（1）分隔形式

机非分隔形式主要有地面划线隔离、护栏隔离和绿化硬质隔离，三种方式对非机动车的保护等级由低到高。对于非机动车走廊，应选择较高的隔离等级，采取护栏隔离或绿化等硬质隔离措施。人非隔离形式主要有铺装隔离、绿化隔离和高差隔离，三种方式对非机动车的保护等级由低到高，对于慢行走廊，应选择较高的隔离等级，采取绿化隔离及以上的隔离措施。

"骑行者免遭伤害"应作为机非分离的首要目标，在欧洲，瑞典、丹麦、挪威等国

两种自行车专用道走廊比选

表 7－10

		图例	推荐自行车道宽度（m）	路段车速（km/h）	通行能力（辆）	适用性	优点	缺点
自行车专用道	路侧式		3.5～6.5	15～20	3 600～7 200	● 普适性最高	● 自行车汇入、流出方便 ● 交通组织简便	● 受沿线进出交通影响大，车速受影响 ● 沿线机动车进出对慢行交通造成一定的安全隐患
	路中式		3.0～5.0	>18	3 600～7 200	● 适用于沿线自行车汇入和流出较少、自行车快速通过为主的路段	● 受沿线进出交通影响小，车速可达到较高水平 ● 自行车优先性得到体现	● 需通过过街进入自行车专用道；若自行车出入口处无过街设施，则自行车需由路中自行车专用道进过街后占用人行道到达讫点，与行人有交织，因此多配合公共自行车使用解决此问题
	自行车高速路		3.0～6.5	20～25	4 500～9 000	● 服务自行车中长距离出行 ● 适用于需要快速可达起讫点，国外案例主要快速可达起讫点，适用于卫星城与主城间的通勤 ● 与普通自行车专用路的最大区别在于出入口的控制，间距较大	● 自行车优先性最高，安全性高，可实现高高速	● 投资较大 ● 与周边相交道路的处理，多采用高架或者下穿形式 ● 若为高架设计，上下面道路坡度对自行车上下舒适度有影响
	普通自行车专用路		2.5～6.5	>18	4 200～8 400	● 国内除绿道外自行车专用路较少见 ● 主要适用于受道路红线宽度限制机非分流的路段，适用于沿线无小汽车开口路段	● 自行车优先性高，安全性高，可实现较高车速	● 现实中沿线无小汽车开口路段少，较难实现

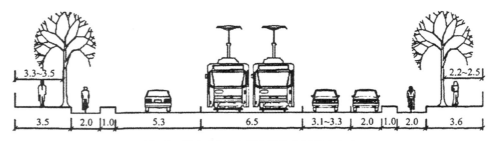

图 7-5 哥本哈根式自行车道的典型断面 (m)

都把设置护栏、修建自行车专用道作为预防自行车事故的重要措施。据估计，交通分流和车道分隔后其慢行安全性可提高 3 ～ 5 倍。在印度，有研究表明，提供独立的人行道与自行车道，同时改进交叉口设计，都显著有益于慢行安全，德里一条典型干路机非分离后大约降低了 46% 的交通事故，其中伤害、死亡事故分别降低 40%、50%。在墨尔本，2007 年于 Swanston 大街首次引入了"哥本哈根式"的自行车道，冠之为"在欧洲获得了广泛成功的独立自行车道"，如图 7-5 所示。

（2）自行车道宽度

自行车净宽 0.6m，左右摆动约 0.2m，故一条自行车带宽为 1.0m，两侧路缘各需 0.25m 的缓冲区间，故两车道的路宽需 2.5m。据对上海独立非机动车道的观测，其路段通行能力一般为 800 ～ 1 200 辆 /（h·m），建议将自行车廊道的路段通行能力统一取 1 000 辆 /（h·m），又因其高峰期单向流量一般大于 2 000 辆 /（h·m），通常小于 5 000 辆 /（h·m），故自行车廊道单向净宽不应小于 2.5m，具体应根据自行车规划高峰小时交通量、服务水平以及自行车道通行能力，综合确定自行车道宽度（表 7-11）。

日常性自行车网络单侧自行车道宽度　　　　　　　　　　　　　表 7-11

类型与等级	宽度（m）	推荐值	低限值
自行车走廊	自行车流量 ≥ 2 500 辆 /h	4.0 ～ 6.0	3.5
自行车走廊	自行车流量 < 2 500 辆 /h	3.4 ～ 4.5	2.5

3）交叉口设计

交叉口设计的重点主要包括自行车等待区、自行车信号及道路转弯半径等几个方面。通过完善道路交叉口的设计，可使骑行者能够安全、快速、优先通过，主要包括以下几个方面。

（1）自行车停车线前置

将自行车道延伸至交叉口处，并在交叉口将自行车停止线前置，将其位于停止等候的汽车前。

（2）自行车流线精细设计

在交叉口运用能见度高、色彩鲜明的自行车道，对自行车道进行精细设计，如在禁止机动车转向的路口，对自行车不设限（图7-6）。

（3）自行车信号优先

将自行车绿灯信号提前，并在自行车流量大的交叉口延长信号周期；调整信号灯周期，为骑行者而非为机动车提供"绿波"。根据道路的不同，通常假定的骑行时速为14～22km。

三、景观与生态系统规划设计

1. 步行走廊

1）植物配置

图7-6　自行车路权标识及停车区优先设置

步行走廊沿线的绿化设计应注重多样性与趣味性，结合周边用地的主要功能进行不同类型的绿化设计，居住区周边的绿化注重空间的层次性和恰当的视线遮挡，公共设施用地周边的走廊绿化应注重开敞性。

沿线植物配置应注重树种的本地化与丰富性。尽量选取本地特有的植物种类，以营造慢行走廊的独特性并节约维护成本；注重乔灌草的搭配，各类植物与空间营造、客流量等相匹配，形成疏密有致、空间宜人的步行体验；同时，注重植物配置的季相，在不同的季节形成可观赏、各具特色的景观。

2）景观小品

景观小品的搭配需充分考虑步行走廊的客流量、交通接驳及周边的用地类型。游憩设施的设置需结合广场、公园等开敞空间，避免在客流量大的局促路段设置游憩设施；在主要客流的方向设置自行车停车点等换乘设施；结合周边用地特色设置个性化的路灯、座椅、铺装等，重要节点可选择合适的题材设置城市雕塑，形成实用、美观、富有特色的景观设施体系。

3）生态空间

步行走廊沿线需强化其生态效应，形成生态廊道与生态斑块。利用两侧绿化种植，结合两侧用地的生态需求，选取特定的树种，形成具有生态效应的廊道空间；注重走廊的通透性，通过合理的宽度控制及植物搭配，推动走廊成为缓解城市热岛效应的生态空间；利用走廊串联城市公园、湖面等生态斑块，完善城市生态联络体系。

2. 自行车走廊

1）植物配置

自行车走廊沿线应相对自然、开敞。因此，其植物配置应以本地树种、原生态的植物景观为主，靠近走廊内侧布置草坪、灌木等低矮植物，一定距离以外布置乔木等植物。同时，注重植物群落的景观营造，以不同的树种形成季节性的特色景观效果。

2）景观小品

自行车走廊的景观小品需充分考虑中途休息、补给、路径标识等作用，中途休息站需较大的平坦场地，并与零售商业设施相结合。重要路口需有简洁明了的路径标识，并结合城市特色设置相关雕塑、构筑物等，形成特色化、多样性的城市景观名片。

3）生态空间

自行车走廊可与组团间的生态廊道、重要生态湿地、湖泊河流、山地等生态空间结合，形成与生态系统相匹配的自行车系统。在城市及组团内部，利用自行车走廊形成带状的生态空间，串联城市主要的公园、广场等空间，构筑城市的微生态系统。

第三节　案例分析

一、商业慢行走廊

东门老街是深圳的旅游、观光的景点，也是深圳的名片，以商业购物、零售批发、餐饮为主，慢行流量大；现状慢行空间不足、体验性差，道路交通拥堵、安全隐患大，迫切需要改造提升，目标是建成一条商业性慢行走廊（图7-7）。

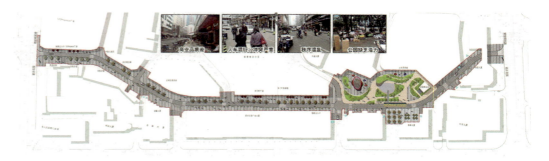

图7-7　东门老街总体示意图

针对上述现状主要问题，优化措施从以下方面展开。

1．路权形式及断面设计

将机动车用地更多地给慢行空间使用，改善购物环境。优化调整道路断面，将机动车道由10m压缩至6m，两侧人行道分别从5m加宽至7m，从8m加宽至10m。道路铺装按统一地面水平标高设置，人车共享，方便两侧购物客流穿行。调整道路线形，增设反向曲线，降低车速，减轻机动车对慢行的干扰（图7-8）。

图7-8　道路线形现状及改善后效果图

2．沿线空间及景观生态

街道景观综合提升，增加商业外摆、休闲座椅、景观灯柱等，丰富购物体验（图7-9）。

改造公共空间，增加商演广场、旱喷广场等，为市民提供有活力、可驻留的公共空间（图7-10）。

图7-9　街道综合景观现状及改善后

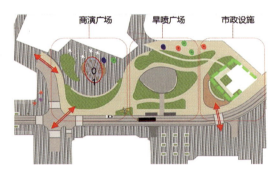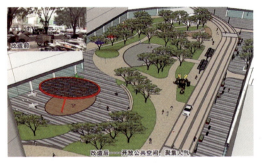

图7-10　公共空间改善示意图

二、生活慢行走廊

深圳碧波一街、黄贝路、德智路位于以居住为主的综合社区，碧波片区承载大量的步行交通。改造前通过问卷调查显示，普遍认为该片区步行环境较差、安全性不足、自行车出行不便、整体环境不佳。

1．路权形式及断面设计

空间分配上将道路资源更多地给慢行者使用，以提高通行效率。

重视慢行者感受，优先满足其需求。将道路资源更多地给人行空间使用，充分利用现状两侧绿化带，拓宽人行道空间；两侧人行道宽度从1m加宽到5m；机动车道宽度从8m减少到6m（图7-11）。

重视骑行者感受，优先满足其需求。压缩机动车道宽度，两侧各设置1.5m宽自行车道，满足附近居民和地铁接驳需要（图7-12）。

管控车速，道路稳静化设计，构建安全友好出行环境。主要举措包括：①降低车速，规范行车习惯，降低机动车对慢行的干扰；②规范行人过街行为，沿线交通标识、标线、街道设施完整。

图 7-11　道路空间分配改善前后对比

图 7-12　道路骑行空间改善前后

（a）交叉口窄化　　　　　（b）人行横道抬高　　　　　（c）道路曲折化

图 7-13　稳静化设计细节示意

2．沿线空间及景观生态

进行空间整合与协调，提升街道两侧商业价值。进行道路无边界化设计，注重商业氛围的营造。沿线商铺门前 4.5m 宽建筑退线用地与人行道一体化、无隔断设计，合理界定空间功能，激活街道活力。

街道景观综合提升，改善慢行出行体验。以黄贝路为例，现状动漫文化核心段空间封闭，缺乏识别性及公共空间，特色商业端商业建筑沿街不开敞，与街道缺少互动，环境品质较低；文化休闲段空间杂乱，缺少休憩设施。主要改善措施包括：①拆除围墙，整合动漫及图书馆空间，增加公共活动空间。②结合公交站点及沿线商业设施增加休憩座椅及绿化设施，提升慢行舒适性。③开放公共空间，增设休息平台，提升环境品质。入口结合市政公园景观整体改善，机动车道与人行道及公共空间一体化铺装设计；打开封闭的绿化带，增设休闲平台。④精细化设计，系统进行城市家具设计、标识系统设计（图 7-14、图 7-15）。

图 7-14　现状及结合公交站点增加休憩座椅及绿化设施后

图 7-15　现状以及改善后（开放公共空间、打开封闭绿化带）

图 7-16　绿色智能技术应用示例

　　统筹街道整体风格，提升城市形象。结合城市设计要求，设置风雨连廊并延伸与商铺外摆空间衔接，雨棚采用轻钢结构，高 3 ~ 4m。

　　应用海绵城市、智能新技术，建设生态、智慧社区。市政公园绿地采用下凹式设计，设置地下雨水蓄水池，过滤后用于公园绿化浇灌；采用透水铺装材料，减少雨水径流；采用红外线智能感应式人行过街技术等（图 7-16）。

三、效益评估

1. 经济效益

　　主要对慢行环境改善带来的商业活力提升、周边地价提升效果进行评价。碧波片区的道路通过一系列迅速且成本不高的试点项目，绿色出行比例提升显著，以黄贝路为例，沿线新增公共空间 0.3 万 m²，晚高峰自行车流量由 215 辆 /h 增长到 306 辆 /h，行人流量由 1 958 人 /h 增长至 2 366 人 /h，增长率 20.8%；显著提高了沿线商铺的商业活力，拉动了周边地价的提升。

2. 社会效益

主要对社会公平性及交通秩序改善进行评价。在交通方式结构优化方面，绿色出行比例提升显著，行人、非机动车流量增加。黄贝路自行车出行和行人出行显著增长，自行车流量增长 42%，行人流量增长 20.8%。交通稳静化措施实施后机动车流量减少，机动车出行比例降低 8.5%，交叉口总流量减少 11.3%，对优化出行结构、引导市民绿色出行已经取得初步效果。

道路交通改造 8 月底完工后，带来慢行接驳轨道比例显著提升，怡景路站轨道客流显著增长。在 6 月底深圳市轨道交通 11 号线开通，在轨道全网日均客运量下降 4.2%，5 号线日均客运量下降 2.7% 的背景下，怡景站进出站人数增长 7.3%，怡景站同期进出站人数对比增长率 15%。综合考虑客流增长及新线开通等因素，道路改造后地铁怡景站客流增长趋势明显（图 7 - 17）。

(a) 轨道全网日均客流量

(b) 5 号线日均客流量

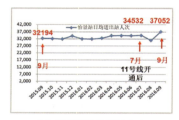
(c) 怡景路站进出站人次

图 7 - 17　黄贝路改善前后轨道客流变化情况

交通秩序改善方面，被调查者普遍认为慢行环境、交通秩序有明显改善，更多人采用自行车出行。91% 的被调查出行者认为人行道环境、步行安全性有改善，94% 的被调查出行者认为对片区交通秩序有改善，79% 的调查者过去一周家人中采用过自行车出行。对于后续的改进方面，87% 的被调查者认为应该增加座椅，81% 的被调查者认为需要美化公共空间。

3. 环境效益

主要对规划方法所能带来的能源消耗和污染排放方面的效果进行评价。深圳市小汽车平均出行距离约为 9.5km，仅仅黄贝路一条街道的改善，447 人次 /d 的小汽车交通量的下降带来了 0.43 万人次·km/d 的小汽车出行周转量的下降，小汽车人均能耗水平、人均废气排放水平分别按照 0.29kWh/km、19g/km 计算，则每年能耗和废气排放可分别减少 45.5 万 kWh 和 29.8t。当改造街道的数量增加时，由于骑行网络和步行网络的规模效应，绿色出行的增长更加显著，对环境的改善效益将更加明显。

第八章　城市货运走廊规划设计

　　货运交通是城市正常运转必不可少的一部分，但由于货车尤其是大中型货车的自身特性，货运交通对城市交通、城市环境影响较大而多被视为"负面"的，在我国城市交通管理中，也一直以"禁、限"为主。近年来，随着互联网革命带来的城市生活方式转变，货运交通的组织模式也在发生变化，对货运交通的管理方式也宜相应转变。通过一定的技术工程手段建设城市货运走廊，辅以必要的货运交通管理和组织，可以有效降低货运负面影响，提升城市交通便捷性、安全性。

第一节　城市货运发展趋势

　　城市货运交通是城市经济、社会赖以生存和发展的基本、必要条件，在城市日常生产、生活中发挥着重要的作用。相关统计资料显示，一般城市中货运交通量占城市总交通量的 12% ～ 15%。随着电子商务的飞速发展以及企业物流管理对减少库存、提高服务水平要求的升级，城市货运交通的组织方式也在发生变化。

　　1. 生产性货运集中化

　　时间效率是决定生产性货运竞争能力的重要因素，也是货运运输组织的主要参考指标之一。一方面，区域公路网络的完善为公路货运向运输更加快速化、转换更加高效化方向发展提供了条件，为了提高货运效率、降低货运成本，长途重载将成为大宗货物的主流运输模式，大吨位、重型专用运输车因高速安全、单位运输成本低将成为运输主力；另一方面，区域交通的便捷，导致区域货运时间大大缩短，与之匹配的城市货运的运输效率也需要同步提升。货运进城后对高效率、低成本的追求也成为物流业提升自身竞争力的重要途径，通过对城市货运走廊、货运场站的统筹安排来提高"城市段"货运运输效率具有积极意义。

　　在这一发展态势和要求下，为便于货运装卸、集中化运输，城市外围区域、区域通道附近将出现规模较大的货运节点，这些节点与货物生产地或接收地联系。城市货运走廊作为公路货运的"城市段"，是公路货运的"最后一公里"，对这一段走廊进行设计、组织，为货运交通提供集中、便捷的廊道，可改善交通环境、提升运输效率（图 8-1）。

　　2. 生活性货运分散化

　　网络购物的发展导致大量的实体店不得不转变自己的销售模式，线上模式的比重增幅较大。根据《2020 年城市物流发展趋势》等相关研究，发达城市的居民每人每天

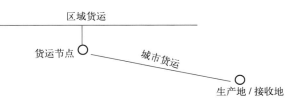

图 8-1　城市生产性货运廊道空间关系示意图

产生约 0.1 件交付货物；同时，顾客的 JIT（just in time，准时）配送需求越来越高，当日达、隔日达成为很多电商的营销模式。面广、量多的生活性货物需求使生活性货运呈现空间上的分散化。在生活性货运组织上呈现"物流中心、配送中心"两极节点格局，物流中心与配送中心之间的联系也是货运交通应该关注的重点。

当前国内多数城市在城区对货运交通"一禁了之"，迫使货物配送多采用电瓶车方式，形成交通增量，对城市交通造成较大影响；同时，电瓶车的"轻摩化"也带来较大的安全隐患。近几年，随着丰巢、格格等智能快递柜的出现，接收端相对固定为末端的集中运输提供了可能，在城市管理中，可以在非高峰时间段放开对小型货车的限制，鼓励物流业以小型货车代替电动自行车使用，提高城市交通的运输效率和安全性。同时，在物流中心与配送点之间的通道上也可以进行针对性优化和管理，以提升货物运输的效率（图 8-2）。

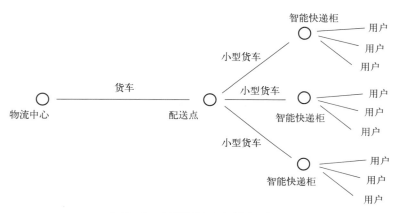

图 8-2　生活性货运组织模式示意图

3．货运智能化

通过物联网技术，可以实现"以供定需"的智能化调配，通过对需求的准确把握，可以有效减少货车空驶率，既可以提高经营利润，又可以节约能源，是以后货运的主流模式。在城市空间内需要通过一定数量的货运节点（提供货物的中转存储）对该模式形成有效支撑，同时在节点附近，应配套一定数量的货车停车场，方便货车短时间"候货"停放。

4．货运"穿城化"

随着城市的扩张，既有的通过国省道改线、外迁的形式，分离货运交通的方式逐渐显得无力（一方面，改线的线位会随着城市空间扩张，越来越接近城区；另一方面，大范围的绕行增加了相当大的货运成本，经营者可接受程度越来越低）。"城中型"货运走廊会越来越多，作为城市组团分割线是比较理想的选择。另外，建设地下物流系统（Underground Freight Transport System），形成一个连接城市各居民楼或生活小区的地下管道物流运输网络，通过立体形式，分离货运交通，也是处理"货运穿城"趋势的另一种积极的手段，美国、荷兰、日本等国家已经针对此系统进行了大量的研究和实践工作。

综合以上发展趋势，城市货运走廊作为生产性货运的重要通道，规划建设中应充分考虑大型货车的行驶特性，提高货运效率的同时应保障安全、降低对环境的影响；同时，对于一些重要货运节点，可以提前进行货车停车场的预控。另外，对小型货车应采用适当放开的管理模式，提高货物配送的效率和安全性。

第二节　　总体思路

一、目标

1．提高货物运输效率

通过对走廊及与两侧用地的一体化规划，增加货运交通的连续性，提高货车运行速度；同时，可使得货运走廊与相关产业用地的布局更加紧密，缩短货物运输的距离。

2．降低对城市生活的干扰

通过货运走廊的建设，将货车尤其是大、中型货车集中到一定范围内运行，减少货运交通与城市交通的交织；通过在走廊两侧建设绿化带、设置隔声板等降低货运交通（噪声、扬尘等）对城市生活的干扰。

二、原则

1．为生产用地提供便捷服务

影响区内用地布置、交通系统构建，应该注重与生产用地的配套协调，为生产用地提供便捷的服务，满足货运进出、内部员工生活需要。

2．与货物场站布局相适应

货运走廊选择应该注重与货运场站的布局关系，货运场站可以直接或者间接通过接驳系统与走廊建立联系，便于货车快速进入走廊。

3．服从城市货运系统组织要求

货车运行路线应该服从城市对于货运交通的组织要求，货运通道避开城市禁行区，尽量避开城市生活区。

4．适应货车行驶特性要求

影响区内的道路系统建设应该与货车行驶特性相适应，货运通道开口、人行过街间距等应充分考虑货车的刹车距离、反应距离等行驶参数。

三、技术流程

城市货运走廊影响范围内的交通系统设计核心为货运交通，首先应对货运通道进行相应梳理；其次，针对走廊影响范围内的工业用地布置，考虑货车停放空间的安排；另外，货运交通对于慢行交通影响较大，需要对两者进行分离设计。在用地布局方面，综合考虑城市发展和货运需求支撑，进行相应的用地布局，同时对生态、景观系统进行设计，提高整体品质（图8-3）。

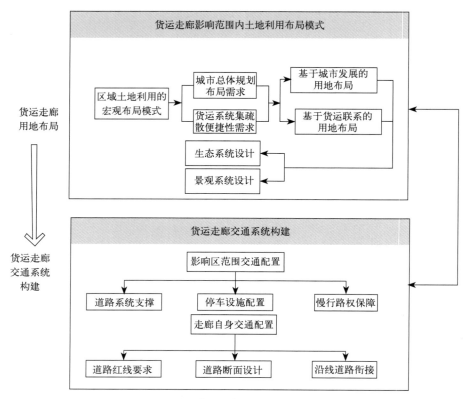

图 8－3 货运走廊规划技术流程图

第三节 规划设计指引

一、用地系统规划

1．影响机制

城市货运走廊主要联系城市生产组团之间以及生产组团与对外交通枢纽。由于货物的噪声、扬尘等负面效应，货运走廊与生活、服务类用地存在一定的排斥性。

2．用地布局

货运走廊多位于城市外围地区，主要串联城市主要产业区或货流节点，总体形成以园区、港区为核心的功能区空间。货运走廊两侧宜布置工业、物流、仓储和对外交通设施等用地，不适宜布局居住、商业服务业和公共服务设施用地。

3．开发强度

由于货运走廊位于城市外围，以及走廊两侧以生产性用地为主的特征，货运走廊沿线总体应控制建筑开发强度。

二、交通系统规划设计

货运走廊影响范围内的交通系统设计以货运为核心，需要考虑其接驳、停放及对慢行交通的影响等方面，本节主要从道路、停车和慢行三个方面展开，以期提高货运速度、减少装卸干扰和保障慢行交通安全。

1．道路系统

1）货运走廊

（1）红线及断面要求

货运走廊以城市道路为载体，车行道通行小汽车、大客车、货车等（一般城市公交应避免在货运走廊内通行），道路断面设计应充分考虑货车运行特性，建议货车运行车道宽度不低于3.75m，可以设置相应的指示标志对货车运行车道进行标记，以中分带进行分隔；为减少快慢交通、客货交通之间的影响，推荐以主辅路形式建设，步行道可以根据实际进行空间预控；道路转弯半径方面，考虑到大型货车转弯需求，可以按照不低于20m控制（载重40～60t的平板挂车，转弯半径18m；一些特种车辆，转弯半径16～20m）（图8-4）。

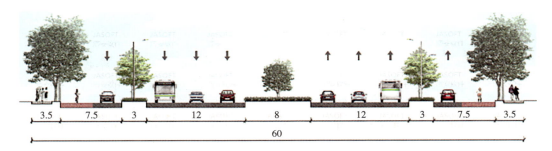

| 3.5 | 7.5 | 3 | 12 | 8 | 12 | 3 | 7.5 | 3.5 |

60

图8-4　货运走廊断面设计示意图

（2）接入处理

货运交通走廊中货运车辆相对集中，大型车辆、重型车辆比例较高，噪声、扬尘等对两侧环境的负面影响较大，对道路交通安全也应格外关注。因此，货运走廊宜采取控制出入的半封闭式道路形式，两侧路网布局不宜过多接入，可参照表8-1进行控制。道路间距宜大于城市平均路网间距，同时与城市生活性道路网相互分离，尽量减少货运交通流和城市内部交通流之间的干扰。走廊之间相互交叉时，建议其他类型走廊通过高架或地下形式分离，货运走廊尽量不要下穿或上跨其他道路或走廊，两条货运走廊以标准化"十"字口或"T"字口平面交叉处理较为合适。

交叉口间距要求建议　　　　　　　　　　　　　　　　　　　表8-1

等级	快速路	主干路		次干路、支路
		交通性	生活性	
间距（m）	>1 500	>800	>1 000	不建议接入

2）集散道路

货运走廊影响区内集散道路建设应能满足便捷、安全的要求。两侧工业、仓储用地内的路网布局宜采用方格网形式，以宽马路、稀路网为主，减少绕行；道路断面推荐以三块板双向四车道断面为主，非机动车及行人可以共板处理；对于影响范围内的居住区，密度应适当提高，同时通过稳静化的措施，降低车速，提高交通安全性（图8-5）。

对于影响范围内的次干路、支路建设，需进行规划引导、通道预控，避免出现国内多数工业区道路建设存在的问题，即在进行转型升级后，既有项目搬迁，原有道路延伸打通，出现错位交叉口（图8-6）。

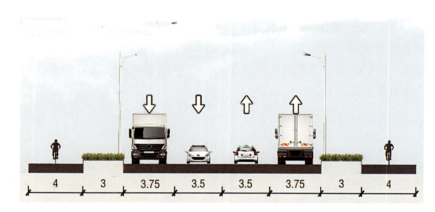

图8-5 主要道路断面示意

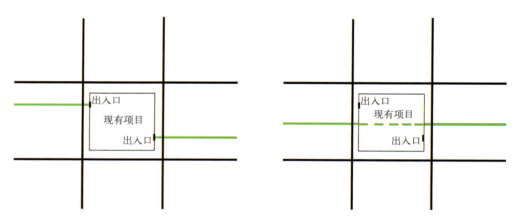

图8-6 路网规划布局示意

2. 停车设施

货运走廊影响区内有大量的工业仓储用地，由此产生较大的货车停放和装卸需求。本节主要对这两部分内容进行介绍。一方面，建筑物应按照配建标准，进行货车停车场配建；另一方面，可以通过路外及路内停车场规划，解决部分临时停车需求。

1）停车需求测算

货车停车需求，由仓储区、集散区和转运区等场所的物流作业产生，需求量可以按照以下公式计算：

$$p_i = \frac{W_i \cdot T_i}{60a_i}$$

式中　p_i——i 型车泊位需求量；

　　　W_i——i 型车高峰小时停车数；

　　　T_i——i 型车平均停车时间（min）；

　　　a_i——泊位利用率；

$i=1 \sim 4$，分别对应重型车、中型车、轻型车和微型货车。

2）大型货车停车场

影响范围内建设的大型货车路外停车场，一般作为货车的等待区，供货车司机休息及等待货物装箱。由于中小型货车承担的一般为短途运输，多为当天往返，所以货车停车场一般服务于大型货车。大型货车停车场布局可以参考以下原则：

（1）相适应原则。在总体规模和大节点上，货运停车场宏观布局应与城市货运停车需求分布相适应，即停车供给与停车需求相适应。

（2）经济性原则。货运停车场应尽可能设置在道路运输网络完善的地带，使其具有良好的通达性；在用地和交通网络容许的情况下，应将某一范围内的货车进行集中停放，避免因分散设置小停车场而造成的土地利用效率低和管理服务不便。

（3）环境友好性原则。货运停车场选址时应考虑货车尾气（及颗粒）排放对城市空气的影响；此外，还应考虑货车运行时的噪声污染，特别是由于货车夜间作业时对居住区的噪声污染，因此货运停车场应设置在位于城市边缘地带且远离居住小区。

货运停车场布局规划应充分考虑货车的运行特性，推荐以表 8-2 所示形式布局停车场内泊位。

货车停车方式选择（推荐）　　　　　　　　　　　　表 8-2

车辆类型	停放特点	进出车位方式	停放方式
重型货车	车身长，拐弯、后退非常不方便	前进式进出	平行式
中型货车	车身长，拐弯、后退非常不方便	前进式进出	平行式或斜列式
轻型货车	介于中型和微型之间	后退式进，前进式出	斜列式
微型货车	车身小，行驶灵活	后退式进，前进式出	垂直式

3）路内（卸货）停车场规划

货运走廊影响区内，货车卸货停车需求是较大的临时停车需求，空间允许的情况下，要求以港湾式停车卸货为主。卸货区设计可以参照以下原则：

（1）卸货区设置在加工制造企业附近。

（2）卸货区应设置在路边空地；若缺乏条件，则将其设置在主干路以外的支路或交通量较小的次干路的车行道边缘处，不得占用城市主干路道路资源。

（3）单个卸货区的设计服务半径一般为 1 000m。在该服务范围内，每日平均卸货吨数超过 20t，或者每日平均卸货车次超过 10 次（该强度未将自有的专用卸货区内的卸货车辆计算在内，以下相同），需设置卸货区。

（4）在服务范围内，每日平均卸货吨数超过 40t，或者每日平均卸货次数超过 20 次，需设置一个中型卸货区及一个小型卸货区。在此基础上，卸货吨数每超过 20t 或者卸货次数每超过 10 次，且空间条件允许的情况下，再增设一个中型卸货区。

3．慢行交通

1）需求控制

在货运走廊影响范围内，用地布局设计导向以工业、仓储为主，慢行交通需求一般不高，考虑到货运走廊对两侧用地的割裂影响，在用地布局中应减少慢行跨越货运走廊的需求（图 8-7）。

2）路权处理

货运走廊影响范围内，慢行线路尽量与货运走廊（通道）在空间上分离，而以支路或次干路进行线路组织，且设置货车禁行标志，以保障慢行环境；通过设置必要的跨越货运走廊的慢行通道的形式（需求较大区域可按照 500～600m 控制，其他区域主要结合交叉口设计），减少慢行交通与货运交通的干扰（图 8-8）。

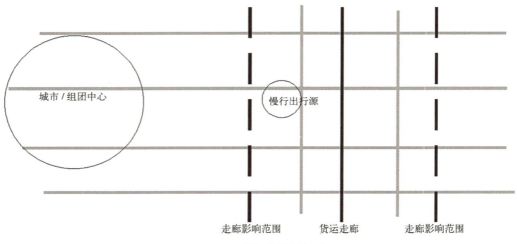

图 8-7　慢行需求控制示意

3）节点处理

对于过廊需求较大区域，为减少货运交通与慢行横穿的冲突，可以通过地下通道、人行天桥等形式，在空间上分离快慢交通；对于有一定过街需求区域，可以采用按钮式行人过街信号灯设计；在道路尺度过大时，需要设计行人二次过街，且中央驻足区也应设计过街按钮。

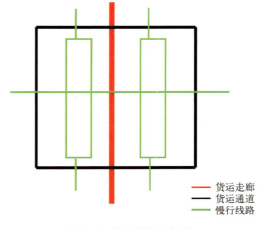

图 8-8　慢行线路设计示意

三、景观系统规划设计

1. 沿线景观

货运走廊对沿线景观界面、景观节点等环境易产生较大的破坏。作为空间廊道，货运走廊具有屏障和通道的功能，会对两侧城市肌理产生空间上的压迫感并有可能生硬地割裂城市空间。景观规划中应尽量增加货运走廊两侧绿化，丰富绿化种类和层次，增强廊道与两侧空间的融合与弹性衔接，降低货运走廊对两侧环境的负面影响。

2. 节点景观

与景观节点结合的重要地区，宜适度进行人行通道建设，加强两侧空间联系，增加客流集聚，适当放大景观节点的效用，将消极影响转变为积极影响。

第四节　案例分析

一、案例简介

唯胜路位于苏州工业园区东部，全长 7 400m 左右，向北接入娄江大道，向南接入 S343，是规划的"四横两纵"对外货运通道的重要组成部分 ["四横"为苏虹路（星湖街至唯胜路段）、现代大道（星华街以东段）、强胜路（星华街以东段）以及中新大道东（星华街以东段），"两纵"为唯胜路（娄江大道以南段）、界浦路]。唯胜路货运走廊不仅是交通干道，同时与西侧青秋浦共同构成园区休闲风光带，是城市东侧组团不可或缺的一条发展轴（图 8-9）。

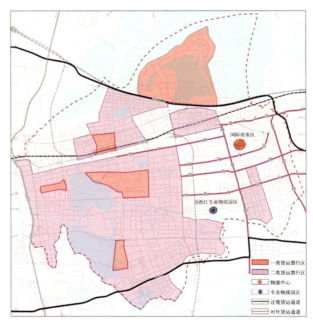

图 8-9　园区物流及货运交通组织

二、空间组织

唯胜路沿线的空间组织总体呈现"走廊 + 功能片区"的模式，在园区东部南北向穿越，两侧主要是工业用地和物流用地，串联园区高新产业区和综合保税区，居住和商业用地相对较少。

三、用地布局

唯胜路两侧沿线 800m 宽走廊范围覆盖用地总面积为 1 469hm²。其中，工业用地 471.26hm²，占 32.08%；居住用地 121.88hm²，占 8.3%；研发用地 133.3hm²，占 9.07%；

仓储用地 70.92hm²，占 4.83%。这几类用地总比例为 54.28%。总体而言，该走廊发挥了服务产业用地、快速货运出入的作用（图 8－10）。

四、开发强度

唯胜路两侧主要为工业用地，总体开发强度不高。从不同用地类型来看，工业用地平均容积率控制在 1.5 左右，配套工业用地的居住和公共服务设施用地平均容积率在 1.8 左右，总体呈现出货运走廊引导货流布局的特征（图 8－11）。

平均容积率 2.5
平均容积率 2.0
平均容积率 1.8
平均容积率 1.5

图 8－10　唯胜路走廊范围土地利用规划　　　　图 8－11　唯胜路走廊范围土地开发强度

五、交通设计与组织

1. 道路系统

苏州工业园区根据货运通道承担的不同货物运输功能，将货运通道分为过境货运走廊和对外货运走廊。过境货运走廊主要承担过境货运交通功能，部分承担园区对外货运交通功能。对外货运走廊联系园区主要工业区、物流设施，主要承担园区对外货运交通功能。

唯胜路作为过境货运走廊，道路断面为双向 6 车道，单向 3 车道红线控制宽度为 10.8m（按照 3.8m＋3.5m＋3.5m 控制），满足大型货车通行需求；沿线道路接入节点间距 ≥ 1km，满足控制接入要求；同时，考虑到走廊两侧慢行需求较大，规划 10m 慢行

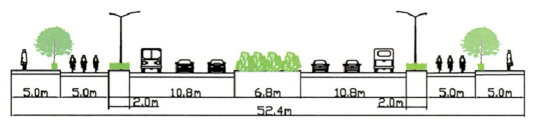

图 8-12　断面规划示意

空间（5m 非机动车道 ＋5m 步行道），满足双向通行需求（图 8-12）。

影响范围内，工业仓储区通过货运通道建立与走廊的便捷联系，路网密度较低，以提供基本可达性为主；生活区规划小尺度、高密度路网，控制接入唯胜路道路数量，以截流道路设计形成生活区内部路网循环（图 8-13）。

2．停车系统

影响区内，工业区货车停车主要在厂区内解决；居住区停车以配建停车为主，以点状、分散停车场布局，不规划集中式路外停车场。

国际商贸区附近货运需求较大，道路两侧停放大量"候货"重型卡车，长时停放占用道路资源，影响交通安全，对其需求结合现状停放数进行测算，需要泊位约440个（ $P_1 = \dfrac{83 \times 180}{60 \times 0.8}$ 个＝ 312 个， $P_2 = \dfrac{52 \times 120}{60 \times 0.8}$ 个＝ 130 个），面积约 4.4hm²。

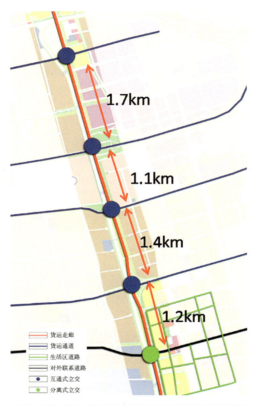

图 8-13　货运走廊影响范围内主要道路网络规划

规划在走廊北端（近京沪高速）国际商贸区附近设置一处大型货车停车场，满足大型货车停放需求（图 8-14）。

3．慢行系统

唯胜路西侧为青秋浦，为城市慢行休闲廊道组成部分；东侧布置有居住用地、研发用地、工业用地等，两侧有一定的慢行联系需求。规划结合中分带进行行人二次过街设计；并规划设置三处人行天桥，以保障慢行连续性和安全性。

对于影响区内行人过廊需求密集区域，设计过街天桥；红线设计较宽的道路交叉口，均进行二级行人过街设计（图 8-15）。

图8-14 停车设施规划图 图8-15 人行过街天桥位置示意

六、效益评估

唯胜路货运走廊的建设，为货运交通提供了便捷的通道，缩短了货车在园区的绕行时间，产生的交通效益可以折算成经济、社会和环境效益。

1. 经济效益

本次经济效益评价采用用地占有量作为评价指标，城市道路占有建设用地量越小，经济效益越大。唯胜路货运走廊红线宽度52.4m，双向6车道，作为货运走廊可按照70%~80%设计容量进行货车容量测算；城市普通道路，不同类型交通混行较为严重，一条车道按照30%~40%作为测算，达到同等级运送能力需要至少2条以上主干路（按照6车道设计），从用地角度分析，建设唯胜路货运走廊经济效益明显。

2. 社会效益

唯胜路货运走廊建设完成后，通过控制沿线开口，保障了货运交通的快速通行。其社会效益主要体现在星华街以东货运车辆可以通过唯胜路快速进入高速路网络，从娄江大道进入S343，按照最短路测算，货车从唯胜路通行相对于从其他通道通行节约时间约15min，根据城市总体规划，按照2030年人均GDP达到530 000元计算，单程可节约时间价值约为5 520元。建设唯胜路货运走廊社会效益明显。

3．环境效益

货运交通对周边的环境影响主要体现在机动车尾气排放、噪声及对周边景观影响等方面。通过唯胜路走廊建设可以将对环境影响最大的大中型货车集中管理，通过路面铺装、绿化隔离带等建设，减少扬尘及噪声，具有显著的环境效益。

第九章　城市交通走廊的规划管理与保障机制

　　城市交通走廊是城市集约高效发展的重要依托，在规划、建设、运营期间都应给予高度的重视，明确不同阶段的责任主体，建立健全管理与保障机制。在规划阶段，应明确不同层级规划中对于城市交通走廊的发展目标和各种相关要求，创新规划编制与实施管理方法，统筹城市交通走廊与城市的关系，统筹不同主体间的利益协调，保证城市交通走廊整体实施，相关领域协同推进。在建设阶段，应按照多层次、强整合、责权利相协调的原则，确定交通走廊的建设主体与建设程序，并根据走廊的具体特点，制定包括土地政策、投融资政策的建设保障系列政策。在走廊运营阶段，应注意平衡好政府部门及社会资本的不同利益及要求，明确交通走廊的运营管理主体，并制定相应的动态维护机制和运营保障机制。

第一节　城市交通走廊的规划管理

一、规划定位

　　城市交通走廊及其影响区，无疑应属于城市的重点功能区，应在城市总体规划中明确走廊位置和影响范围，并以此作为相关用地功能规划的依据；在城市总体规划和城市综合交通规划的指导下编制城市交通走廊规划，并以此指导工程可行性研究报告和对控制性详细规划进行反馈，达到主动引导和规范城市交通走廊沿线地区功能实施的目的（图9-1）。

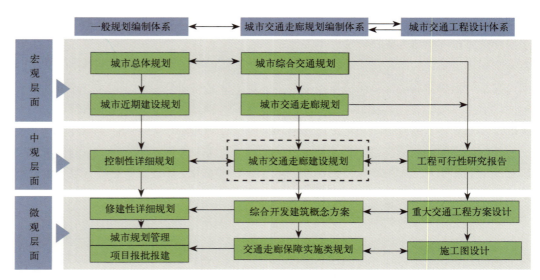

图9-1　城市交通走廊规划在规划设计体系中的定位

城市交通走廊的建设必然会对城市的交通结构、空间结构、景观生态结构产生重大影响，这就需要对城市交通走廊进行准确定位，明确走廊规划建设的引导目标，具体可以划分为三个层次：

第一层次为城市层面规划引导。应给予城市交通走廊沿线地区足够的重视，明确其控制边界，并通过建立与城市其他区域有明显区别的空间管理政策，引导交通与土地利用向有利于发挥交通走廊综合效应的方向转变，强化城市交通走廊支撑与引导城市土地开发的功能，相关内容应纳入城市总体规划、分区规划的编制成果。

第二层次为走廊沿线层面的规划引导。应与走廊的功能定位相结合，明确城市交通走廊沿线片区与节点周边地区的发展定位。应以促进走廊集约化发展为目标，明确沿线地区的用地布局、建设规模、交通设施以及其他公共设施的设置、公共空间系统的引导要求等，相关控制内容应纳入城市控制性详细规划。

第三层次为节点层面规划设计引导。确定城市交通走廊重要节点与周边物业发展、交通空间、城市空间以及生态景观空间的一体化关系，对节点的交通系统设置提出详细的引导要求，相关引导要求纳入控制性详细规划，并作为土地出让时的附加条件，指导相关修建性详细规划编制。

二、规划编制管理

城市交通走廊及其影响区空间范围较大，功能复杂多样，因此，城市交通走廊的规划通常应由城市规划部门会同发改、交通、住建等部门共同组织编制，通过不同部门的统一规划，实现规划范围内的多规合一。在规划中既要针对当前沿线地区的空间布局、交通体系、生态景观、社会经济等问题，制定切实的解决方案；也要面向城市发展，将城市交通走廊作为城市功能的有机组成、综合交通体系中的一项重要设施进行统筹规划，有序实施。城市交通走廊对城市土地利用、道路交通组织和社会空间分异具有十分重要的引导与调控作用，规划的编制应注意处理好与城市空间、交通设施、市政设施、景观生态之间的关系，处理好地上、地面、地下三大空间之间的关系，协调好政府、建设方、管理方、市民等不同利益主体之间的诉求，既要保证规划的前瞻性、科学性，又要提高规划的针对性、指导性、可操作性。

城市交通走廊规划编制应当贯彻和体现科学发展观的总体要求，按照合理的程序组织编制，严格执行城乡规划法规定的原则和程序。城市交通走廊规划应委托具备相应资质和设计能力的单位编制，并聘请具有丰富经验和学识的资深专家，组成专家组，负责技术咨询和评审。城市交通走廊规划应打破封闭的规划编制组织方式，在编制各阶段，都要充分征求有关部门、单位和公众的意见和建议，增强规划编制工作的公开性和透明度，提升规划编制水平。

在具体的规划编制中主要采用三种模式：

（1）将城市交通走廊纳入城市总体规划和综合交通规划作为一个章节进行编制，应重点关注城市交通走廊发展战略制定和重大设施布局。

（2）独立编制城市交通走廊规划，并与城市总体规划和综合交通规划同步编制。落实上位规划提出的原则和要求，提出基于交通走廊的交通与空间协同布局方案，并对上位规划进行反馈。

（3）在城市总体规划和综合交通规划编制完成后，根据需要独立编制城市交通走廊规划。

独立编制的城市交通走廊规划在符合城市总体规划、城市综合交通规划相关要求的前提下，对城市交通走廊进行深化设计，一般包含以下主体内容：

（1）片区划分及功能定位：分析确定交通走廊影响区的边界以及功能分区；

（2）中心体系规划：结合交通枢纽以及功能分区，确定走廊影响区中心体系以及功能要求；

（3）用地布局规划：明确规划范围内的用地功能及兼容性，明确重要节点开发需要储备用地的范围与规模；

（4）建设用地强度规划：明确影响区范围内的建设用地容积率分区，并明确各区容积率的控制值；

（5）道路交通规划：结合走廊主导交通方式，明确影响区范围内道路的功能布局，明确公共交通、步行与非机动车交通系统、停车系统的供给规模及设施配置，对重要节点的交通设计给出指引；

（6）交通换乘设施规划：明确城市交通走廊节点内外换乘设施，内部换乘系统的规模及布局与要求，对不同交通方式的流线进行组织；

（7）地下空间规划：明确规划区内地下空间的功能、规模及控制要求；

（8）市政设施规划：明确规划区内大型市政设施的建设控制要求及工程布置的基本方式；

（9）城市设计控制要素：明确规划区内城市公共空间的结构、规模、位置与控制要求，对规划区内的建筑形态及景观环境设计提出概念性方案。

独立编制的城市交通走廊规划属于城市规划体系的重要组成部分，其编制原则、目标、内容等不应超出城市总体规划以及控制性详细规划的强制内容要求。对于规划修编或重大调整，应当按规定向规划审批机关提出调整报告，经认定后依照法律规定组织修编或调整，相关成果纳入城市控制性详细规划。

（1）城市总体规划、城市综合交通规划修编经批准后，城市交通走廊规划应作相应的修编。

（2）城市重大交通基础设施规划线路位置、建设形式、主导方式等发生重大变化，需要进行相应的修编。

（3）随着城市发展政策的变化，对于不符合发挥城市交通走廊综合效益的内容应予以调整，使得城市交通走廊发展与城市总体发展更加协调。

（4）根据城市开发强度及性质的变化，促进城市交通走廊的建设与新区开发、旧城及商业街区改造、道路建设等相结合，对原交通走廊规划作相应调整（表9-1）。

城市交通走廊规划设计指引汇总表　　　　　　　表 9－1

	公交走廊	个体机动化走廊	慢行走廊	货运走廊
两侧用地	1．空间布局：走廊沿线区域产居结构优化，向带状、集聚发展； 2．用地功能：结合不同节点的功能，差异化布置商业、居住、就业等功能； 3．开发强度：支持高密度的土地使用，整体开发强度高，围绕站点呈现圈层式梯度递减	1．空间布局：布局于城市组团边缘区域，作为城市组团边界线，避免直接穿越城市核心区中心； 2．用地功能：吸引居住等生活类用地和工业等生产类用地以及商业批发类等服务类用地； 3．走廊两侧用地的开发强度应根据所在城市区位不同，可差别化引导；走廊沿线应适当控制开发强度，在走廊出入口可适当提高开发强度	宜公共服务、商业服务、绿地和居住；强化商业、居住、文化、游憩等功能的混合与多样性	1．空间布局：串联城市主要产业区或货流节点，总体形成以园区、港区为核心的功能空间； 2．用地功能：宜布置工业、物流、仓储和对外交通设施等用地，不适宜布局居住、商业服务业和公共服务设施用地
出入口设置	重点优化节点的交通一体化衔接设施布局，部分节点要考虑与地上、地下公共建筑出入口的无缝衔接	不直接为地块出入交通服务，沿线尽量避免建设产生大量人流和车流的大型公建设施和交通枢纽，两侧建筑物要尽量避免直接在走廊上开口	慢行走廊两侧应控制沿线机动车出入口密度，机动车出入口间距不宜低于100m	按照接入道路的等级和功能，进行差别化控制
交通喂给系统	1．路网：道路等级（快主次支）协同；路网形式协同，推荐"方格网＋对角线"布局；路网密度协同。 2．公交：加强走廊内外公交线路一体化衔接；配置运能、容量、客流相匹配的公交场站设施；根据区位合理设置出租车换乘设施。 3．停车：折减停车配建指标；合理布局P＋R及K＋R停车换乘设施；提供充足的自行车停车换乘设施	1．路网：两侧衔接道路布局不宜过密，主要通过次干路及以上等级接入。 2．公交：公交主干线和换乘枢纽应尽量避开城市个体机动化走廊；沿线线路站距大于其他地区，在800～2000m之间。 3．停车：走廊沿线停车设施配置应坚持配建适度宽松原则，在个体机动化走廊位于核心区边缘区的区域设置P＋R换乘枢纽，提供小汽车截流换乘	1．路网：小街区，密路网，慢行友好尺度。 2．公交：非机动车道宜设置在公交停靠站外侧，且应在非机动车道上设置人行横道，并满足无障碍设计要求。 3．停车：路内机动车停车位宜紧邻机动车道设置，且与非机动车道之间应设置缓冲区，缓冲区宽度不宜小于0.5m	1．路网：通过集散道路进行货运喂给。 2．停车：通过大型临时停车场，满足货车"候货"需求；通过路内临时泊位，满足临时装卸需求
景观与生态	1．沿线景观：强化建筑界面、建筑退界及天际线设计；绿化协调设计，树木与市政设施统筹安排，多视角，可识别，高大树木退让。 2．节点景观：以广场、建筑、构筑物等形成适应走廊功能的节点空间；强化节点开敞性、功能性、生态性的景观效果。 3．生态空间：人性化设计，形成整体生态体系，与城市融为一体	1．沿线景观：注重城市的天际线塑造，丰富城市景观层次，突出城市建设特色，彰显城市景观轴线。 2．节点景观：结合个体机动化走廊出入口，利用绿化空间及开敞空间尺度，形成门户景观。加强人行通道建设，强化两侧功能联系。高架走廊下方可组织形成公共活动带，有机缝合两侧空间。 3．生态空间：通过沿线绿化种植吸收部分尾气；可通过便携式绿化、花卉、盆景等植物丰富沿线的带状绿化空间，丰富走廊沿线的小生态环境	1．沿线景观：强化界面连续性、空间尺度、连通性。 2．节点景观：营造开放的空间尺度、强化特色	1．沿线景观：增加两侧绿化，丰富绿化种类和层次，降低对两侧环境的负面影响。 2．节点景观：加强两侧空间、人流联系，突出景观特色。 3．生态空间：使用乡土植物，避免对生态系统的破坏

三、规划实施管理

城市交通走廊是实现相关社会资源空间集聚，有效发挥城市重大交通设施协同功能的地域空间。通过城市交通走廊的建设可以有效提升城市整体效能，保障公益性设施的实施。实际上，城市交通走廊及其沿线地区作为一种特殊的城市功能区体现了一种超越宗地的整体开发模式，通过对多种交通方式、多种土地产权主体的干预，以整体开发推动城市规划目标的实现。

但是，由于国内多数城市都设置不同的部门来负责规划实施的不同任务，各部门的职责重叠还是会带来许多问题，主要如下：

（1）土地利用与交通系统难以紧密结合。由于土地利用规划和交通系统的规划涉及不同的职责部门，各部门分别负责规划的不同部分。例如，土地利用规划涉及规划、国土、房产管理、交通、计划等部门，交通规划则涉及规划、交通、计划、交警、城管等部门。各个部门都有自己的规划资源，但都有相对的局限性，部门之间难以形成非常有效的沟通、协调机制。城市交通走廊规划这一类型的综合规划受到组织体制上的限制。

（2）各个部门之间的信息分享不足，对走廊的发展政策理解各不相同，从而引发统筹协调的问题，阻碍了落实各个子系统一体化规划实施的目标。

（3）各部门根据不同的授权和流程来进行规划实施，尚未形成一条清晰的指挥线，导致决策效率降低；同时，各个部门各自开展规划造成了资源分散、多头管理、标准各异、规划脱节等问题。

（4）难以整合交通走廊规划实施的资金，形成统一、客观、透明的机制来优化、比较各类发展政策，保证规划实施的资源集约化。

因此，结合现阶段城市的发展特点，为有利于交通走廊规划的整体实施、协调推进，可以由市领导牵头成立一个跨部门的协调机构来统筹交通走廊规划的实施，尽量避免在实施过程中产生无效的重复性工作，具体可以从以下几个方面进行策略性的实施部署。

（1）机制上的策略：优化调整组织机构，设定各相关部门的职责来适应规划实施的需要，尽量减少重复和混淆，集中资源、明确分工、便利统筹。

（2）资源分配上的策略：整合资源，统一授权机制，在科学、合理、透明的技术支撑下，决定规划实施计划，发挥最大的综合效益。

（3）实施上的策略：完善法制，信息公开、共享，提供足够的资讯并进行讨论，评估不同方案和相互协调。

（4）程序上的策略：精简规划、建设的流程，避免非必要的延误，减少环节，提高效率。

城市交通走廊规划实施应遵循"统一规划、科学设置、合理调控、加强管理"的原则，依据城市交通走廊的相关要求进行科学引导。根据城市交通走廊的容量以及运营效益，对交通走廊内的建设开发进行定期动态评估，为优化调整用地开发、设施布局提供技术依据。对城市交通走廊内已建成的相关设施，任何单位和个人不得擅自挪作他用。

因城市规划需要改变部分走廊内设施使用性质的，应当经城市规划和交通管理部门批准后方可实施。

第二节　城市交通走廊的建设政策

《中共中央国务院关于进一步加强城市规划建设管理工作的若干意见》中指出，我国的城市规划建设中存在"城市建设盲目追求规模扩张，节约集约程度不高""环境污染、交通拥堵等城市病蔓延加重"的问题。国家《"十三五"现代综合交通运输体系发展规划》中，明确提出"鼓励交通基础设施与地上、地下、周边空间综合利用，融合交通与商业、商务、会展、休闲等功能"。而城市交通走廊因其集约、高效、生态的特点，恰恰是解决城市病的有效手段之一，也是城市实现空间综合利用与功能融合发展的优质平台。

因此，为促进城市可持续发展，需要突出城市交通走廊的重要地位，在具体的走廊建设过程中，明确建设主体，规范建设程序，健全政策支持体系，加强土地、投资、补贴等组合政策支撑保障，创新体制机制，显得尤为重要。

一、建设组织政策

1. 建设组织保障

与一般工程项目相比，城市交通走廊的建设具有政府投资、公益性强、经营性广、涉及面宽、影响范围大、时间要求高等特点，对项目建设的组织体系有着一定的特殊要求。

1）多层次

政府在国家公共利益中肩负着重大责任，城市交通走廊作为政府高度关注的项目，具有非常强的公益性，往往是城市发展的重中之重，能够显著产生改善城市交通、促进社会经济发展等社会效益。因此，城市交通走廊建设项目的推进不仅仅是项目公司或者建设企业内部的事，也是政府公共行政的职能所在。组织体系也往往分为两个甚至更多的层次，既有公司层面的组织推进，也有政府层面的组织推进。

公司层面的组织体系基本是一种建设项目式的结构，主要与现代企业制度相结合，从公司运作、经营角度出发，负责城市交通走廊的规划设计、投资建设等全过程管理，充分降低建设成本、合理核定工程造价，以使投资效益趋于最大化。而政府层面的组织体系基本是一种职能结构，主要功能是侧重于项目的推进协调以及监督管理与评估，体现政府对公共事务的指导与管理。

2）强整合

从目前的体制看，城市大型建设项目的管理主体一般较多，呈多元化状态。城市交通走廊项目的建设推进需要经过多个部门，不同层级政府的审批与协调，还需要处理好与相关公司、企业、实体等单位之间的关系，涉及面相当广泛。而另一方面，城市交通走廊的建设资金投入往往相当巨大，其建设完成后带来的巨大的社会经济效益更是难以估算。因此，面对庞大的行政资源与巨大的社会资金，城市交通走廊建设项目的组织体系必须具备强大的整合功能，整合政府部门之间的关系、整合建设公司的运作管理、整合协调政府与企业之间的利益与矛盾，并对各种资源进行合理的分配和使用，使城市交通走廊的建设在同样的资源下，社会经济效益最大化。

3）责权利协调

城市交通走廊的建设，涉及面广、参与者多，其建设必须依靠各部门之间的密切配合。部门间的合作，实际上是责权利的再分配，构建职责分明的组织框架，是管理工作的起始和基础。城市交通走廊建设项目组织体系的设置，必须体现目标落实、职责明确、授权合理、责权利统一的原则，把组织目标分解到各个业务单元，通过目标的跟踪管理，层层落实责任。

一个好的建设组织体系，各层级、各部门的责权利都应是对等的，他们都有非常清晰的部门职责，并有能力承担相关的责任。责权利不清，协调不畅、决策不力的组织模式，一抓就死、一放就乱，面对城市交通走廊建设这样的大型项目往往难以良好地履行职责、顺利地推进项目建设。

2．建设过程保障

1）健全规章制度

在建设管理中，需制定一系列切实可行的规章制度来规范各种行为，包括质量管理制度、文明卫生制度、机械操作制度、材料采购制度、消防制度、交通综合保障巡检制度等。需要使现场管理的每个方面都能做到有规可依，有章可循。

2）强化过程协调

应将工程协调作为工作重点贯穿在交通走廊施工管理的过程中。一般城市交通走廊沿线都存在大量需要协调的征地拆迁、管线迁移、交通疏导等问题，建设管理牵头单位应组织相关参加单位建立定期专题协调会制度，通过会议，会商确定并解决需要协调的问题；对建设的进度随时进行现场巡查，及时发现问题，及时协调解决，并采取恰当的鼓励和惩罚制度，确保建设顺利推进。

3）动态施工组织

在科学制订并实施施工组织计划的基础上，根据建设实际进展情况，及时科学、动态地优化与调整建设组织方案。由于城市交通走廊往往处于城市交通最为繁忙的道路，车流、客流众多，所以必须进行周密、细致的施工安排和建设期间的动态交通组织，加强沿线交通管理，尽量缩短施工周期，减少施工期间对城市交通环境和居民出行的影响，及时还路于民。

二、建设保障政策

为保障城市交通走廊的顺利建设，应研究制定相应的保障政策，其中尤其要重视土地政策与投融资政策。

1．土地政策

为保障城市交通走廊规划的相关成果得以顺利实施，前提条件就是具有可开发的空间，也就是对于沿线用地要具有相对主导和可持续的开发权利。因此，需要建立交通走廊沿线土地的收储制度。对城市交通走廊内的可储备用地进行核查、整理和归类。首先，对沿线土地的权属进行核查，得到规划可储备地块，包括土地使用权尚未出让的土地、近期内可以收回土地使用权的土地等；其次，综合评价控制性详细规划编制情况、城市建设时序、区位条件优劣、地块面积大小、地块现状情况、地块价值高低、土地权属状况、储备实施难易等因素，对可储备经营性用地进行打分、排序；最后，编制储备用地管理图则，主要包括可储备地块编码、用地范围、现状概况、用地面积、已批准的城市规划对地块的主要控制要求。

对于城市交通走廊的土地保障，国内外区别较大，大致可以划分为七种典型模式。

东京模式，中央、地方两级政府支持，允许完全私有捆绑运作。东急田园都市线是来往东京涩谷车站和神奈川县大和市中央林间站的东京急行电铁，全长约 31.5km，围绕该条线路的交通走廊沿线地区是完全私有化的捆绑运作模式，2010 年输送旅客 10.62 亿人次，资产价值上升部分也循环投入到轨道交通企业内部。

圣保罗模式，出台专门法律支持。市政府对城市交通走廊沿线土地升值建立了一种税收机制，即：市议会批准一个专门法律，要求沿线土地业主必须向市政府购买"附加建设许可证"。"许可证"具有商业价值，可自用也可转售；政府从"许可证"得到的资金用于交通走廊的建设。

广州模式，政府授权，股份合作加开发商独立开发。具体分为两类，一种是股份合作开发，物业发展所得收益按照投资的比例分享，广州在长寿路站点周围的 5 个地块开发中采用此模式；另一种是将沿线土地出让给开发商，收取土地出让金，开发商独立开发，所得收益主要由开发商获得，广州 1 号线建设过程中主要采用此模式。

香港模式，政府协议出让，地铁公司独家经营。香港政府在审批交通走廊规划时，将沿线土地开发权以协议方式出让给走廊建设公司；走廊建设公司以公开竞拍的方式出让土地，筹集建设资金，或者对沿线地块进行房地产开发来获取收益。

上海模式，招拍挂出让，捆绑运作，市、区合作开发。交通走廊的项目公司与沿线区政府投资企业合资组建房地产开发公司，参与沿线土地的招拍挂交易；项目公司与区政府达成协议，仅交纳一级开发成本，二级开发收益对半分成；站点周边土地以"专项土地"进行规划和立项，沿线用地的出让不占用市里供应指标，按照单独制订的供应计划分年度上市交易。

南京模式，招拍挂出让，增值收益返还。市规划部门负责沿线土地属性调整、结构优化，土地中心进行土地招拍挂，走廊建设指挥部和相关单位同步完成走廊沿线征地拆迁。在土地招拍挂过程中，走廊建设公司作为竞标单位全程参与：在底价和底线内积极举牌，超过则不再举牌。若中标，贷款交纳全额费用，土地中心将该资金作为政府资本金注入走廊建设；项目公司再将中标地块抵押给银行贷款实施房地产开发，所获利润作为自筹的专项基金投入到走廊建设中。若未中标，拍卖的土地收益和土地收益增值由政府作为资本金投入走廊建设。

深圳模式，协议出让，捆绑招商。通过谈判的形式，将走廊沿线划定的若干土地协议出让给建设公司，土地管理中心在特许经营设施方案允许的情况下，将这些土地分年度以熟地形式提供给建设公司，建设公司也分批分期缴纳地价款，建设公司获取土地后，对其进行运作，联合开发。

整体来说，国外城市以及中国香港在土地制度上与中国大陆城市有较大的区别，前者可以以较低的成本获得沿线土地开发权或通过政策保障沿线土地收益反哺至交通走廊的建设；后者则困于土地制度（招拍挂制度）和薄弱的政策保障体系。对于国内城市，利用沿线土地开发保障及筹措资金的途径建议如下：①统一规划交通走廊沿线土地，提前做好土地储备工作，对沿线土地进行基础性开发，如拆迁、"七通一平"和绿化等工作，以公开竞标、拍卖的方式出让和批租土地，提高土地出让价格，一次性筹措较多资金，如南京地铁模式；②突破"招拍挂制度"，对沿线土地运作模式进行创新，如香港和上海的运作模式；③对沿线建成区土地、上盖物业进行二次开发，提高土地使用单位租金和土地使用税，如圣保罗模式。

2．投融资政策

作为城市重要的基础设施，城市交通走廊的投融资核心模式就是在政府的主导下，通过多元化的融资方式对交通走廊沿线地区的空间资源进行最大限度的开发，从而建立起一个有效的整体体系，实现城市交通走廊的整体效益最大化。城市交通走廊的投融资基础就是交通投融资的建设和企业运营相结合，从而转变为城市交通走廊的内生效益。《"十三五"现代综合交通运输体系发展规划》（国发〔2017〕11号文）要求全面深化交通运输改革，其中重点提出加快交通投融资体系的改革，明确"建立健全中央与地方投资联动机制，优化政府投资安排方式。在试点示范的基础上，加快推动政府和社会资本合作（PPP）模式在交通运输领域的推广应用，鼓励通过特许经营、政府购买服务等方式参与交通项目建设、运营和维护。在风险可控的前提下，加大政策性、开发性等金融机构信贷资金支持力度，扩大直接融资规模，支持保险资金通过债权、股权等多种方式参与重大交通基础设施建设。"

当前较为常用的三种投融资模式分别为BOT、TOT、PPP。

BOT模式。BOT是"Build-Operate-Transfer"的缩写，意为"建设－经营－转让"，是私营企业参与基础设施建设，向社会提供公共服务的一种方式。我国一般称其为"特许权"，是指政府部门就某个基础设施项目与私营企业（项目公司）签订特许权协议，授予签约方的私营企业来承担该基础设施项目的投资、融资、建设、经营与维护。在协议规定的特许期限内，这个私营企业向设施使用者收取适当的费用，由此来回收项目的建造、经营和维护成本并获取合理回报；政府部门则拥有对这一基础设施的监督权、调控权；特许期届满，签约方的私营企业将该基础设施无偿或有偿移交给政府部门。这种模式中，政府一般会被要求保证企业最低的收益率，一旦在特许期间按照约定条件无法达到该标准，政府会给予补偿。

TOT模式。TOT是英文Transfer-Operate-Transfer的缩写，即"移交—经营—移交"。TOT方式是国际上较为流行的一种项目融资方式，通常是指政府部门或国有企业将已建成项目一定期限的产权或经营权，有偿转让给投资人，由其进行运营管理；投资人在约定的期限内通过经营收回全部投资并得到合理的回报，双方合约期满之后，投资人再将该项目交还政府部门或原企业的一种融资方式。

PPP 模式。PPP 模式即 Public—Private—Partnership 的缩写，是指政府与私人组织之间，为了提供某种公共物品和服务，以特许权协议为基础，彼此之间形成一种伙伴式的合作关系，并通过签署合同来明确双方的权利和义务，以确保合作的顺利完成，最终使合作各方达到比预期单独行动更为有利的结果。

BOT 模式对项目发起人，也就是政府管理机构有较高的管理能力和经济预判力的要求，基础设施的建设往往具有非营利性和公共性，而项目公司在建设与运营过程中，难免会因为对经济效益最大化的追求，而与社会公共利益产生冲突，这就要求双方在前期掌握原则，优化合同。与 BOT 模式相比，TOT 模式则要简单一些。它实际上是一种租借模式，投资方对基础设施仅仅拥有经营的权利，不涉及产权的变动，风险较小，流程较为简单。PPP 模式则是近年来运用最为广泛的投融资模式，这种模式能够充分发挥私人企业的高效率特点，又能充分利用政府资源，能够有效地提高基础设施的建设效率。但 PPP 模式下的政府与私人合作关系，不可避免地会因利益或者责任产生分歧，相关合作方应求同存异，实现共赢。

这三种模式是当前应用较多的城市基础设施投融资模式，BOT 模式能够较大程度上降低政府建设成本，并能有效降低风险，但容易造成公共利益的损失；TOT 模式适应性较广，因其不涉及产权，又能在短期内融入大量资金，应用较为广泛；PPP 模式主要强调公共部门与私人企业的合作，能够有效发挥二者的长处，提高投资效率。三种模式各有长处，在选用时需要从实际出发，选择适合的最优方式，为城市基础设施建设提供强有力的资金支持。

以这三种模式为基础，当前也不断出现新的模式，例如 TBT 模式，以 BOT 为主，TOT 为辅；BOO 模式，公司根据政府的特许权，建设并经营项目，但并不将项目移交给政府；FPI 模式，民间主动融资，政府提出需要建设的项目，通过招标投标的方式选择获得特许权的公司进行项目建设与运营，并在特许期结束时将项目无债务地归还政府。

第三节　城市交通走廊的运营管理

一、运营管理模式

城市交通走廊的可持续发展以及综合效益最大化要求走廊交通一体化高效运营，其中包括不同交通方式之间的一体化、地上地下的一体化。但是在很多城市，尤其是规模较大的城市，交通出行的服务仍然呈现出分散的局面。例如，在纽约，三大快速公交系统（Metro、North、NJT）被公共部门接管并联合在一起，但是巴士系统相应的费用收取却长期独立于快速公交系统之外，三大轨道系统的整合至今没有完成，虽然不同的系统之间可以共享线路与车站，但服务、收费系统、企业信息也只能实现部分整合。又比如日本东京的轨道和巴士系统之间很少有合作，实际上这种不同交通系统独立运营的情况，在大多数城市是很典型的，即使在交通量巨大的城市交通走廊上，走廊内部的交通系统也难以实现整合。交通出行系统之间这种完全整合的缺失，尤其是交通走廊沿线，导致了很多不良后果，交通出行体验受到直接影响的同时，运营商也同样遭受运营效率低下和盈利损失的问题。

要实现交通出行系统的一体化整合，存在很多障碍。大致可以分为以下几类：历史障碍（传统的运营模式、不适宜的车辆等），体制障碍（不同行业、不同部门权限与责任），组织障碍（不同的公司以及运营商之间的冲突）。突破障碍显然不是一件短期内可以解决的事情，但是，通过若干方法途径的应用往往可以先实现部分整合和协调。在这种思路指导下，交通走廊的运营管理模式根据其运营的管理主体，可以划分为有限整合模式与完全整合模式两类，有限整合模式是完全整合模式的过渡阶段。

1. 有限整合模式

有限整合模式是以不同程度的整合，促进地区交通运营效率的提高，比较常见的两种形式是：收费协会和区域混合专营。

收费协会通常由以下部分组成：联合收费、税收协议以及收益的分配。收费协会限定，合作伙伴不能相互竞争，不同交通运营公司往往是通过"终端—终端"的方式进行串联。

区域混合专营，国外也称之为公交社区，是收费协会的进一步强化。这种管理模式使得合作伙伴在收费上存在联系，还使他们在线路和日常计划上进行合作。

有限整合模式目前应用较为广泛，国内外目前较为流行的智能卡，实际上就是有限整合模式的一种表现形式。但是有限整合模式仍然存在不可避免的问题，例如，收费协会虽然限定了合作伙伴之间的相互竞争，但并没有推动交通一体化的效率，相互衔接仍然存在较大问题，无法提高公交服务的覆盖率；混合专营模式则呈现出较强的排他性，非合作伙伴很难在专营区域发展，不利于交通系统服务水平的整体提升，另外专营区域存在孤立于城市整体系统之外的风险。

2. 完全整合模式

构建一个正式的管理机构是实现完全整合模式的前提。该机构必须拥有相应的权利，包括计划、费率、收益分配等。交通走廊不同系统的运营公司作为合作伙伴，在保持相对独立的同时，也处于管理机构的组织框架内，通过该管理机构向区域内居民提供完全一体化的服务。

对于城市交通走廊来说，所谓完全整合模式，就是设立一体化管理机构，在交通走廊上整体地改善道路基础设施、公共交通服务，以及各种交通方式的运营管理，以提高所有出行者的出行速度、出行可靠性以及出行安全性。这种模式强调综合性、一体化、统筹和相互补充，覆盖整个走廊（包括相关联地区），整合政府与民间的资源，提高整个走廊的交通系统性能，同时，增强公共交通和慢行交通的吸引力以促使出行向更绿色的交通方式转移。

完全整合模式下的管理体制已经被公认为是提供公众一体化服务的最有效组织形

式。虽然在不同的城市或者地区，在法律、财政以及组织机构安排上都会有所不同，但是其基本理念，即不同机构给公众提供完全一体化的出行服务，这一点都是相同的。因此，自然而然地，其最初的机构设置、财政组织，尤其是收益再分配的原则、不同方式的单位成本以及收费结构都处于不断重新协商和修订中，以便更好地适应社会经济的发展以及出行方式的变化。

无论采用哪种管理模式，为保障城市交通走廊的可持续发展，政府应积极转变角色，对城市交通走廊的运营由直接管理转变为间接监管。监管的核心体现在市场准入、价格形成和公共服务义务等方面，其意义在于督促运营主体为社会公众提供不间断、可持续的价廉物美的产品和服务，这应该是一种建立在市场机制基础上的独立监管机制。

同时，应注意平衡好政府部门与社会资本的不同利益及要求。在城市交通走廊的项目运营中，政府一般要求走廊交通服务达到相应的质量要求，且公众的利益要得到保障；社会资本则希望通过取得政府对走廊运营的支持与协助，确保其从走廊运营中取得稳定和适当的投资回报。因此，积极创造城市交通走廊运营的盈利条件，平衡各方的利益需求，实现"投资—收益—再投资"的良性循环，是实现走廊可持续发展的重要条件。

二、运营更新机制

城市交通走廊规划实施中，由于一些客观条件的变化，很有可能出现走廊运营状况与预期结果偏差较大的状况，这就需要建立基于保障城市交通走廊持续良好运营的动态更新管理机制。

城市交通走廊更新机制的实施方法主要包括六个步骤：

第一，选择交通走廊。需要优先完善的交通走廊应根据城市空间与功能布局、交通需求等确定。通过对走廊一体化的统筹更新，可使交通走廊的优化发挥最大化效益。选定的交通走廊应包括在城市空间系统和交通系统中发挥连接、引导、转换作用的重要部分。

第二，诊断交通走廊的问题。为确定交通走廊在当前存在的问题与原因，需要收集和分析交通走廊运营中各种交通方式的需求、空间变化的趋势、生态环境的演变等数据。

第三，提出改善交通走廊的多种方案。在对交通走廊范围内出现的问题进行分析之后，提出一系列投资、运营和管理战略的比选方案。从实际经验来看，一般主要包括用地开发策略、交通系统的优化策略等。

第四，多种方案的比选评估。对于改善方案的评估主要从以下几个方面进行：首先，要评估建设和运营的可行性，改善措施能否解决问题并得到成功的实施；其次，要评估方案的有效性，主要用来衡量各种改善措施是否以及如何合理地满足改善目标或者解决交通走廊的特定交通问题。

第五，实施改善方案。交通改善的目标是对交通走廊内运营的交通网络以及空间用地、生态景观等内容实施整体优化和综合管理，这就不可避免地涉及较多的部门以及参与者，需要建立一个专门的实施机构，机构中应包括相关决策、咨询人员。

第六，后评价。对交通走廊进行后评价的方法很多，较为常用的是走廊使用者的满意度调查，使用者包括市民、商家、职员等。后评价的意义在于可以更好地了解公众的意图和走廊使用者的期望；多角度权衡不同类型使用者对交通走廊的发展建议，以确定未来进一步改善时的优先级；宣传交通走廊的相关政策措施，获得公众理解与支持。

三、运营保障机制

有效的运营保障措施是促进交通走廊可持续发展的重要条件，因此需要加强城市交通走廊运营的管理政策研究，处理在规划建设中不能处理好的社会和经济问题。在具体的政策制定方向上，一是通过"空间规划"与"公共政策"之间的关系研究，进行政策设计，将规划目标转换为指导走廊运营的公共政策。如走廊内涉及的用地、道路、停车、景观、生态等相关内容，均可进行解析并制定相关政策。通过这种手段，将走廊运营的技术要求上升到地方法规条例，或纳入其他部门的法规，强化其约束效力。二是适应市场经济体制下具体行政管理对象多元化的特点，根据不同的情况，区分管理对象的大与小、简单与复杂，兼顾便民和效率的原则，分类出台城市交通走廊沿线地区的管理办法，提高走廊运营的效率与稳定性。

1．制定走廊补贴机制

综合考虑社会承受能力、企业运营成本和交通供求状况，完善价格形成机制，建立多层次、差别化的价格体系，增强城市交通走廊的吸引力。对承担政府指令性任务等形成的政策性亏损，地方财政给予相应补贴补偿。

2．建立创新驱动机制

城市交通走廊运营主体为了追求更高的投资回报，必然会通过技术创新手段降低运营成本，提高运营效率。政府应给予科技创新足够的支持与帮助，包括协助建立走廊技术创新服务平台，促进科技成果的转化；利用科技中介服务机构提供科技咨询，进行技术推广等。

3．强化交通需求引导

综合运用法律、经济、行政等手段，有效调控、合理引导城市整体交通需求。通过社会化、市场化手段，满足企事业单位和个人商务、旅游等多样化的出行需求，提高城市交通走廊的利用效率。严格落实走廊影响区范围内的相关政策与配建标准，大力加强公共交通和绿色出行的宣传和引导。

4．规范重大决策程序

研究出台城市交通走廊的相关法规制度，推动配套制定和完善地方性法规，为城市交通走廊的土地开发、路权优先等扶持政策提供法规保障。建立城市交通走廊运营成本和服务质量信息公开制度，加强社会监督。

5．建立绩效评价制度

建立健全城市交通走廊发展绩效评价制度，定期对城市交通走廊发展水平进行绩效评价。要通过公众参与、专家咨询等多种方式，对走廊内运营企业的服务质量和运营安全进行定期评价，评价结论作为衡量走廊运营绩效、发放政府补贴的重要依据。

6．重视安全管理制度

高度重城市交通走廊运营安全，强化风险评估与防控，完善试运营审核及第三方安全评估制度。应当建立健全城市交通走廊运营监测体系，根据运营突发事件的特点和规律，加大对走廊设施设备、环境状态以及客流情况等的监测力度，定期排查安全隐患，开展风险评估，健全风险防控措施。当城市交通走廊正常运营可能受到影响时，要及时提出应对措施。

参考文献

[1] 王悦，姜洋，Villadsen K.S. 世界级城市街道重建策略研究：以上海市黄浦区为例 [J]. 城市交通，2015，13（1）：34-45.

[2] 胡垚，吕斌. 大都市低碳交通策略的国际案例比较分析 [J]. 国际城市规划，2012（5）：102-111.

[3] 纪魁，曹国华. 基于 OD 反推的交通需求分析方法研究 [J]. 交通信息与安全，2014（3）：83-86.

[4] 程琳，纪魁，蒲自源，等. 路段型随机用户均衡敏感度分析 [J]. 东南大学学报（自然科学版），2013，43（1）：221-225.

[5] 陆明. 城市轨道交通系统综合效益研究 [D]. 北京：北京交通大学，2012.

[6] 王晓丽. 城市交通走廊建设方案决策优化及系统原型实现 [D]. 济南：山东大学，2014.

[7] 庄焰，郑贤. 轨道交通对站点周边商业地价的影响 [J]. 中国土地科学，2007，21（4）：38-43.

[8] 深圳大学房地产研究中心. 深圳市轨道 3 号线 TOD 发展策略及发展区规划分析 [R]，2007.

[9] 叶冬青. TOD 模式引导下轨道交通对城市中心区用地的影响研究 [C]. 第十六届海峡两岸都市交通学术研究会论文集，2008.

[10] 王岩. 基于轨道交通的重庆市主城区 TOD 空间发展模式研究 [D]. 重庆：重庆交通大学，2012.

[11] 陈欢. 上海轨道交通 1 号线南段 TOD 实证研究 [J]. 交通与运输（学术版），2010（2）：94-97.

[12] Parker T. Statewide Transit-Oriented Development Study：Factors for Success in California：Final Report[R]，2002.

[13] 上海市规划国土资源局. 上海市控制性详细规划技术准则（沪规土资详〔2011〕409 号）[S].

[14] 陶志详，张宁，杜波. 城市轨道交通客流时空分析研究 [J]. 城市公共交通，2004（2）：33-35.

[15] 吕慎. 城市客运交通需求走廊研究 [J]. 深圳大学学报（理工版），2005，22（1）：91-95.

[16] 方可. 城市交通一体化走廊管理的理念与实践 [J]. 城市交通，2012，10（3）：8-22.

[17] 毛蒋兴. 城市交通干道对土地利用的廊道效应研究 [J]. 地理与地理信息科学，2004，20（5）：58-61.

[18] 胡亮．城市交通走廊分流措施与设计模式 [J]．城市交通，2009，7（5）：78-84．

[19] 宜昌市规划局．宜昌市中心城区快速路系统专项规划 [Z]，2013．

[20] 南通市规划局．南通市城市路网规划 [Z]，2012．

[21] 熊文，陈小鸿，胡显标．城市慢行交通规划刍议 [J]．城市交通，2010，8（1）：44-52．

[22] 曾四清，刘筱娴．自行车交通事故伤亡的现状及其预防对策 [J]．国外医学（社会医学分册），1995，12（2）：60-65．

[23] Geetam Tiwafi．Pedestrian Infrastructure in the City Transport System：A Case Study of Delhi[J]．World Transport Policy&Practice，2001，7（4）：13-18．

[24] City of Melbourne．Melbourne Bicycle Account—Cycling Census 2007[R]．Melbourne：City of Melbourne，2007．

[25] （丹麦）扬·盖尔．交往与空间 [M]．何人可，译．第 4 版．北京：中国建筑工业出版社，2002．

[26] Dan Burden．Building Communities with Transportation[J]．Transportation Research Record（1773），2001．

[27] John Puchel Ralph Buehler．Why Canadians Cycle More than Americans：A Comparative Analysis of Bicycling Fiends and Policies[J]. Transport Policy，2006（13）：265-279．

[28] Duncan D.T., Aldstadt J., Whalen J., et al. Validation of Walk Score for Estimating Neighborhood Walkability—An Analysis of Four US Metropolitan Areas [J]. International Journal of Environmental Research and Public Health，2011（8）：4160-4179．

[29] Carr L .J., Dunsiger S.I., Marcus B.H. Walk ScoreTM as a Global Estimate of Neighborhood Walkability [J]. American Journal of Preventive Medicine，2010，39（5）：460-463．

[30] 吴健生，秦维，彭建．基于步行指数的城市日常生活设施配置合理性评估——以深圳市福田区为例 [J]．城市发展研究，2014（10）：49-56．

[31] 于世军，李旭宏，王健，等．城市客运交通走廊判定方法研究 [J]．公路交通科技，2006，23（11）：105-110．

[32] 王玮璐，郭小平，汪明勇，等．绿化带对交通噪声衰减效果的研究进展 [J]．西北林学院学报，2013，28（1）：240-244．

[33] Robert Earley．货运走廊：改善物流推广绿色技术的机遇 [J]．交通建设与管理，2015（Z1）：80-83．

[34] 赵丽君．城市货运交通规划研究 [D]．上海：同济大学，2007．

[35] 李艳艳．城市货运交通组织模式及优化研究 [D]．成都：西南交通大学，2013．

[36] 杨洋．城市货运停车场停车需求与布局模型分析与应用 [D]．成都：西南交通大学，2015．

[37] 纪魁，马健霄，李铭．工业园区道路网络优化研究——以苏州市工业园区为例 [C]// 2015 年中国城市交通规划年会暨第 28 次学术研讨会，2015．

[38] 住房和城乡建设部．城市轨道沿线地区规划设计导则 [S]，2015：11．

[39] 于一丁，涂胜杰，王玮，余俊. 武汉市重点功能区规划编制创新与实施机制 [J]. 规划师，2015（1）：10-14.

[40] 国务院. 关于进一步加强城市规划建设管理工作的若干意见 [S]，2016-02-06.

[41] 国务院."十三五"现代综合交通运输体系发展规划（国发〔2017〕11 号）[Z].

[42] 吴娇蓉，白子建. 城市交通整合规划理论与实践 [M]. 上海：同济大学出版社，2012.

[43] 杨广武，杨丽明，黄建玲. 北京地铁发展创新"轨道 + 土地"运作模式的思路 [J]. 综合运输，2010（5）：31-34.

[44] 崔桂芳. 关于城市基础设施投融资模式的探索 [J]. 金融经济（理论版），2015（4）：28-30.

[45] Vukan R.Vuchic. 城市公共交通运营、规划与经济 [M]. 北京：中国铁道出版社，2012.

[46] 方可，Samuel Zimmerman，王伟，Said Dahdah，Gladys Frame. 城市交通一体化走廊管理的理念与实践 [J]. 城市交通，2012（3）：8-22.